믿음의 말씀
운동의 뿌리

믿음의 말씀 운동의 뿌리

발행일 2019. 3. 30 1판 1쇄 발행
       2023. 2. 23 1판 2쇄 발행

지은이 김진호
발행인 최순애
발행처 믿음의말씀사
2000. 8. 14 등록 제 68호
(우) 16934 경기도 용인시 기흥구 신정로 301번길 59
Tel. 031) 8005-5483 Fax. 031) 8005-5485
http://faithbook.kr

ISBN 89-94901-85-× 03230
값 13,000원

* 본 저작물의 저작권은 '믿음의말씀사' 가 소유합니다.
  저작권법에 의해 보호를 받는 저작물이므로 무단 전재와 복제를 금합니다.

믿음의 말씀
운동의 뿌리

김진호 지음

믿음의말씀사

| 목차 |

07 | 소개의 글

1장 예수 그리스도의 교회의 뿌리

11 | 교회의 뿌리 / 사도행전 / 초대 교회 성도들의
믿음과 삶 / 예루살렘의 파괴와 교회 / 사도행전의
역사가 대부분의 현대 교회에서 사라진 이유 /
교회의 타락과 로마의 멸망

2장 신교의 뿌리

33 | 개혁의 준비 작업 / 개혁의 선구자들 /
마틴 루터와 종교개혁 / 교회를 구출한 혁명 /
칼뱅주의와 알미니안주의 / 청교도 / 재침례파 /
교리뿐만 아니라 성결한 삶을 강조한 성결운동 /
침례교 / 감리교

3장 오순절 운동

55 | 그리스도의 교리의 회복과 개혁 운동 / 성결운동 /
오순절 운동 / 아주사 거리 부흥 / 오순절 운동의
교회들 / 일반적인 오순절파의 신념들 /
오순절 운동 기간

4장 한국 교회의 오순절 운동

79 | 남이 말하는 예수 그리스도와 내가 경험한 예수
그리스도 / 이용도 목사와 한국 교회의 성령 운동 /
조용기 목사와 한국의 오순절 운동 / 오중 복음 /
사차원의 영성

5장 은사주의 운동

115 | 늦은 비 운동과 신유부흥 운동 / 은사주의 운동 /
은사주의 운동을 위한 준비 / 은사주의 잡지와 TV /
은사주의 운동 기간의 특징 / 은사주의 운동의 요약 /
오순절 운동 요약

6장 은사주의 이후의 운동들

139 | 신유 부흥 운동(1948~1960) / 70년대의 사건들 /
토론토 블레싱 / 펜사콜라 부흥 / 믿음의 말씀 운동 /
선지자와 사도운동 / 그리스도인의 얼굴을 바꾸어 놓은
오순절 · 은사주의 운동 / 국가별 오순절 기독교인의
백분율

181 | 보충자료
개혁 운동에 대한 사람들의 다섯 가지 태도
회복된 진리에 따른 갈등과 분리

194 | 마치는 글

| 소개의 글 |

　80년대 초 정확히는 1982년 가을 미국 위스컨신 주 매디슨에서 시작된 경영대학원 석사 과정은 이 년 후 결국 졸업 후 레마성경훈련소 입학을 위해 떠나는 것으로 끝났습니다. 이 년 동안 매디슨의 유학생 중심의 한인 교회를 다니다가 미국교회를 방문하게 된 것이 결국 나의 인생의 경로까지 바꾸는 여행이 되어버렸습니다.

　돌아보니 그 때가 바로 미국에서 "은사주의 운동"이 확산되고 있던 시기였습니다. 좀 더 구체적으로 말하면 은사주의 운동 가운데서도 "신유부흥운동"의 뒤를 이어 "믿음의 말씀"이 확산되고 있는 때였습니다. 라디오를 통해서는 케네스 E. 해긴 목사님이 "방송 믿음 세미나Faith Seminar Of The Air"를 방송하던 시기였습니다. 그 후 신학대학원을 다니던 3년 동안은 오클라호마 밀밭 가운데 있는 인구 5만 도시 이니드Enid에서도 TBN이란 유일한 공중파 기독교 채널을 통해 유명한 설교와 찬양과 간증을 언제나 들을 수 있었습니다.

　TV를 켜면 언제나 대단한 설교자들의 설교를 들을 수 있었는데, "방언을 말하는" 오순절 신앙을 가지지 않은 교단에 속한 설교자는, 미장로교회 목사인 "전도폭발"로 유명한 제임스 케네디와 캘리포니아에서 "수정교회Crystal Cathdral"를 담임하던 소위 "긍정적 사고방식"을 설교하던 로버트 슐러 등 손가락으로 몇 사람 꼽을 정도였습니다.

심지어는 천주교 신부도 출연하여 성령받고 방언을 말하는 것을 자랑하며 설교하는 것을 볼 수 있었습니다. 육 년 만에 두 개의 대학원을 마치는 동안 개척교회 목사로 삼 년을 섬기며 미국 감리교회에서 목사 안수까지 받고 1988년 귀국하였습니다.

그 후 십 년 동안 교회를 개척하여 담임목사로 섬기다가 1999년 가을 레마성경훈련소에서 1년 과정(총 9개월)을 공부하게 되었으며, 그 때부터 케네스 E. 해긴이 쓴 책들을 번역 출판할 수 있는 판권이 허락되어 "믿음의 말씀" 분야의 책들을 출판하면서 본격적으로 이 복음을 전하게 되었습니다.

2005년 기본적인 교과서로 쓸 만한 책들이 번역되자 예수선교사관학교를 시작하여서 15년이 넘는 세월이 지났습니다. 한국교회에서 태어나고 자라며 훈련받아 신학대학원까지 졸업하여 목사 안수를 받는 전통적인 길이 아니라, 서른 살이 넘어서 미국 땅에서 유학 중에 은혜를 받고 부르심에 순종하여 은혜 받은 말씀을 따라 교회를 개척하여 나를 변화시킨 이 복음을 전하는 일에 이제 30년이 넘었습니다.

신학적인 주장이나 변증을 하려는 것이 아니라 내가 경험하였고 나의 시야를 넓혀 주었던 다양한 부흥의 현장을 본 것과, 내가 멘토로 여기며 평생 책을 읽고 공부하였던 믿음의 위인들을 중심으로 이 복음의 역사적인 위치를 소개하려고 했습니다. 성령님은 지금도 새로운 세대에 적합한 방법으로 복음을 전하여 그리스도의 교회를 세우려는 사람들을 찾고 있습니다.

우리는 지난 시대에 있었던 하나님의 사람들이 어떻게 자신이 살던 시대에 새로운 일을 행하시는 하나님의 방법을 알고 하나님께 귀하게 쓰임 받았는지를 알 수 있습니다. 그들을 비판하고 핍박하던 사람들은 사라졌지만, 믿음의 선구자들은 사람의 박해와 교회의 전통을 이기고, 결국 자신들이 살던 시대는 물론 다음 세상을 바꾸었습니다. 우리는 추수의 들판을 주님과 같은 눈으로 바라보고, 삶의 현장의 일꾼이 되어 제자를 삼는 제자를 만들어야 합니다. 그리하여 새 시대에 새로운 방법으로 새로운 일을 하시는 주님과 함께 새로운 교회 개척과 부흥에 넉넉히 쓰임 받기를 열망합니다.

2019년 3월

김진호 목사
새로운피조물 미니스트리 대표
예수선교사관학교장

제1장
예수 그리스도의 교회의 뿌리

교회의 역사는 크게 천주교 관점과 개신교 관점이 있지만, 기존 교단과 조직의 폐단을 극복하고 신약성경의 기독교의 모습을 회복하려고 하는 수많은 소수파가 존재하고 있습니다. 이 책의 목적은 "믿음의 말씀"이라고 일컬어졌던 말씀 운동에 대한 뿌리를 살펴보고 이 시대는 물론 다가올 세대에 교회를 세우는 일을 대비할 수 있도록 하는 데 있습니다.

교회의 뿌리

민주주의란 제도가 시작되었던 그리스의 도시국가의 시의회를 가리켜 에클레시아라고 했습니다. 이 단어가 신약성경에서 "교회"로 번역되었습니다. 예수님은 "내가 이 반석 위에 내 교회ekklesia를 세우겠다"고 하셨습니다. "에클레시아"는 밖으로 불러내었다는 어원을 가지고 있습니다(마 16:18, 엡 5:25, 행 20:28, 히 12:2). 그러므로 교회는 예수를 그리스도와 주로 믿고 주님의 것으로 구별된 부르심을 받은 사람들의 모임이라고 할 수 있습니다.

시대구분[1)]

시대	언약	기간
무죄	에덴	창세~타락까지
양심	아담	타락~홍수
인간정부	노아	홍수~아브라함 부름
약속	아브라함	아브라함~시내 산 율법
율법	모세	시내 산~초림
은혜	교회	십자가 처형~재림
천년	왕국	재림~천년왕국 끝
우주 만물	영원	천년왕국 끝~영원으로

'시대'란 하나님께서 인간과 함께 일하는 기간을 성경을 통해서 기간별로 구분한 것입니다. 시대에는 시작과 끝이 존재합니다. 이스라엘 민족이 출애굽 해서 시내 산에서 모세를 통해 율법을 받은 후부터 예수 그리스도 초림까지가 율법의 시대입니다.

---

1) 빌 해몬, 『영원한 교회』, 박노라 역, (CI KOREA, 2008) 참고.
 Finnis J. Dakes, *God's Plan For Man* (Dakes Publishing Inc., 1977) 참고.

예수 그리스도께서 십자가에서 죽으시고 부활하심으로써 새 언약을 세우신 후 교회가 탄생했는데 우리는 주님의 재림 때까지 은혜의 시대에 살고 있습니다.

사도행전

사도행전에서 우리는 오순절 성령이 오신 후 2장에서 교회가 탄생한 후 28장까지 초기 교회의 모습을 볼 수 있습니다. 사도행전은 A.D. 63년경에 누가가 기록하였습니다. 누가는 사도행전을 기록한 목적을 분명히 했고, 사도행전 중반에서부터 그는 바울의 일행으로서 동행하면서 실제로 증인으로서 함께 했습니다. 사도행전에서 그는 '내가 먼저 쓴 글에는'이라며 누가복음을 언급하고 있듯이 누가복음과 사도행전은 한 저자가 한 책으로 썼음을 알 수 있습니다.

누가복음은 '말씀이 육신으로 오신 예수 그리스도의 사역'을 기록한 것이며, 사도행전은 예수 그리스도의 구원 사역을 통하여 예수를 그리스도로 믿는 자들에게 성령이 오시므로 '그리스도의 몸이 된 그리스도인들의 사역'을 기록한 것입니다. 그리스도의 사역의 핵심이 구원 사역이었듯이, 그리스도인들의 사역의 핵심은 성도들이 그리스도의 몸으로서 그리스도를 대신하여 그리스도가 사셨던 삶을 사는 것입니다. 그러므로 사도행전은 사도들의 사역과 삶을 통하여 새로운 교회가 어떻게 세워지고 복음이 전파되고 있는지를 보여 주고 있습니다. 이렇게 사도행전은 신약교회의 원형을 보존하여 우리에게 보여 주고 있습니다. 그들은 마가복음 16:15-20, 마태복음 10:8에 기록된 삶을 살았습니다.

> 가면서 전파하여 말하되 천국이 가까이 왔다 하고 병든 자를 고치며 죽은 자를 살리며 나병환자를 깨끗하게 하며 귀신을 쫓아내되 너희가 거저 받았으니 거저 주라 너희 전대에 금이나 은이나 동을 가지지 말고 여행을 위하여 배낭이나 두 벌 옷이나 신이나 지팡이를 가지지 말라 이는 일꾼이 자기의 먹을 것 받는 것이 마땅함이라   마 10:7-10

예수님께서 열두 제자를 보내실 때 정확하게 지시를 해 주셨습니다. 그들은 나가서 전도를 하고 병자를 고치고 교회를 세웠습니다. 제자들은 주님의 명령대로 하였을 때 주님께서 함께 하셔서 주님처럼 효과적으로 일하는 것을 배웠습니다. 주님을 대신하여 주님의 명령대로 행할 때 주님처럼 능력 있는 사역을 할 수 있었습니다. 이렇게 복음은 증거되었고 교회는 세워졌으며 우리에게까지 전파되었습니다.

> 또 이르시되 너희는 온 천하에 다니며 만민에게 복음을 전파하라 믿고 침례를 받는 사람은 구원을 얻을 것이요 믿지 않는 사람은 정죄를 받으리라 믿는 자들에게는 이런 표적이 따르리니 곧 그들이 내 이름으로 귀신을 쫓아내며 새 방언을 말하며 뱀을 집어올리며 무슨 독을 마실지라도 해를 받지 아니하며 병든 사람에게 손을 얹은즉 나으리라 하시더라 주 예수께서 말씀을 마치신 후에 하늘로 올려지사 하나님 우편에 앉으시니라 제자들이 나가 두루 전파할새 주께서 함께 역사하사 그 따르는 표적으로 말씀을 확실히 증언하시니라   막 16:15-20

예루살렘 교회가 탄생하고 몇 년이 지난 후 사도행전 13장부터는 바울이란 사도가 중심이 되어 복음이 전파되지 않은 곳에 복음을 전하고 교회를 개척하는 선교 역사가 기록되어 있습니다. 안디옥 교회는 성령님의 지시를 따라 바나바와 바울을 선교지로 보냈습니다. 바울이 그때까지 십 년이 훨씬 넘는 세월을 어디에서 어떻게 살았는지 자세하게 알려진 것이 없습니다. 바나바는 그를 찾아 다소에 가서 그를 데리고 와 안디옥 교회에서 섬길 수 있는 기회를 주었습니다. 그때부터 성도들은 처음으로 "그리스도인들"이라고 칭해질 정도로 구별된 사람들이 되었으며, 안디옥 교회는 처음으로 그 지역뿐만 아니라 복음이 전파되지 않은 다른 곳으로 선교팀을 파송하게 되었습니다.

사실상 사도행전 후반부는 선교사 바울의 교회 개척 사역을 함께 했던 누가가 집중적으로 기록한 상세한 선교보고서입니다. 이를 읽으면 새로운 지역에 새로운 교회를 개척하는 것이 어떤 과정을 거치는지를 알 수 있습니다. 오늘날도 탁월한 교회 개척의 역사는 이렇게 일어나고 있습니다. 그는 복음이 전파되지 않은 도시를 찾아 가서 천막 만드는 기술로 직장을 구해 자비량으로 교회를 개척했으며, 유대교 랍비에서 개종한 그리스도교의 사도로서 유대인의 회당에서도 예수가 그리스도임을 전파했습니다. 복음을 받아들여 거듭난 사람들은 자기들의 집에 모여 함께 삶을 나누었습니다. 이것이 바로 오늘날 회복되고 있는 셀 교회이며 가정 교회입니다.

사도행전Acts of Apostles은 사도들의 행동뿐만 아니라 사실은 믿는 자들의 실천practice과 삶의 양식life style을 보여줍니다. 그리스도의 복음은 구원받은 사람들의 삶을 통해 자연스럽게 이웃 사람들에게 영향을 끼칩니다. 뿐만 아니라 적극적으로 다른 사람들과의 관계를 형성하여 복음을 전하게 합니다. 사람들은 복음을 듣고 구원받을 뿐만 아니라, 구원받은 사람들은 스스로 복음을 전하여 제자를 만드는 생명 운동이 일어납니다. 그들은 집에서 소그룹으로 모여 사도행전 2:42-47에 묘사된 것처럼 그리스도의 제자가 되어 제자를 만드는 일을 함으로써 교회를 세웠습니다.

이스라엘 민족을 통하여 그리스도를 보내 주신 것을 기록한 구약성경에 비추어 보면, 사도행전은 교회가 유대교의 속박에서 벗어나 왕국 생활로 들어가는 탈출을 기록하였습니다. 이스라엘 민족이 이집트에서 탈출하는 과정을 기록한 "출애굽기"는 구약성경의 두 번째 책으로서 엑소더스Exodus[2]라고 합니다. 이집트에서 탈출하여 젖과 꿀이 흐르는 가나안 땅에서 새로운 민족과 나라를 이루게 되는 것처럼 기독교는 구약성경과

---

[2] 그리스어 '엑소도스(exodos)'를 영어로 음역한 것이며, '엑소도스'의 본래 말은 '엑스-호도스(ex-hodos)'이다. 'ex'는 '밖으로'라는 뜻이고, 'hodos'는 '길'이라는 뜻이다. 영어 성경은 "출애굽기"를 "엑소더스(Exodus)"라고 하는데 이 말은 ~로부터 나오는 길, ~로부터 탈출(脫出)하는 길이란 뜻이며, "출애굽기"는 이집트로부터 이스라엘 민족이 탈출하여 해방되어서 나오는 것이므로, 애굽이란 말이 없이 '탈출기'라고 하거나 '이집트로부터의 탈출기'라고 하면 정확할 것이다.

밀접한 관계가 있지만, 유대교의 속박에서 벗어나 탈출하게 되어서 새롭게 태어났습니다. 이제 독립된 그리스도의 몸인 교회가 예루살렘과 온 유대와 사마리아와 땅 끝 즉 그 당시 그들에게 알려진 세계의 중심인 로마를 향하여 어떻게 복음을 전파하였는지를 보여 줍니다.

예수님은 유대인이었고 유대 땅에서 유대인의 가정에서 유대인의 문화와 교육을 받고 자라셨습니다. 예수님은 유대 땅을 떠난 적이 없었고 유대인들을 섬기셨습니다. 예수님은 "나는 오직 이스라엘 집의 길을 잃은 양들에게 보내심을 받았을 따름이다"(마 15:24, 새번역)라고 말씀하셨습니다. 그러나 예수님이 세운 새 언약은 이방인과 유대인의 막힌 담을 제거하였습니다.

> 너희가 다 믿음으로 말미암아 그리스도 예수 안에서 하나님의 아들이 되었으니 누구든지 그리스도와 합하기 위하여 세례를 받은 자는 그리스도로 옷 입었느니라 너희는 유대인이나 헬라인이나 종이나 자유인이나 남자나 여자나 다 그리스도 예수 안에서 하나이니라
> 갈 3:26-28

초대교회 성도들의 믿음과 삶

1. 믿음으로 말미암아 의롭게 된 것을 믿었습니다

　예수를 그리스도와 주님으로 믿음으로 구원받는 은혜의 말씀은 율법 중심의 유대교로부터 기독교를 해방시켰습니다. 사람의 노력으로 어떤 초월적 존재를 알거나 섬기려 하는 모든 우상숭배로부터 기독교는 구별되었습니다.

2. 예수의 피로 죄의 씻음을 받는 것을 믿었습니다

　예수님은 성령으로 잉태되어 마리아의 몸을 통해 사람으로 오신 하나님의 아들로서 죄인이 아니셨습니다. 그러므로 그분은 우리의 죗값을 대신 지불하실 수 있었습니다. 모든 죄인들을 대신하여 예수님이 단번에 영원한 희생제물이 되심으로써 죄에 대한 값을 완전하게 영원히 지불하셨습니다.

3. 거듭남으로써 그리스도와 개인적인 교제를 할 수 있게 되었습니다

　거듭남으로써 성도는 하나님을 아버지라 부르게 되었습니다. 예수님이 부활의 첫 열매가 되셨듯이, 거듭난 사람의 영은 하나님의 본성과 생명과 의를 가진 새로운 피조물이 되었습니다.

거듭난 하나님의 자녀와 하나님 아버지 사이를 가로막는 것은 제거되었습니다.

4. 물 침례를 받았습니다

물 침례는 종교적 의식이 아니라 삶을 바꾸어 놓는 것입니다. 십자가에서 죽었다 부활하신 예수 그리스도와 자신을 동일시함으로써 옛 사람은 죽고 그리스도 안에서 새로운 피조물로서 살아갈 수 있도록 물에서 침례를 받았습니다.

5. 성령을 받고 방언으로 기도했습니다

거듭난 사람들은 물 침례를 받았고, 이어서 성령을 받고 기도의 언어인 방언을 말함으로써 그의 영은 하나님과 직접 비밀을 말하며 자신을 세울 수 있게 되었습니다.

6. 교회를 통하여 성령이 지도자들을 부르고 파송하였습니다

안디옥 교회는 바나바와 사울을 따로 세워서 선교사로 파송하라는 성령님의 명령을 받았습니다. 사도행전에 기록된 대로 그들은 소아시아는 물론 그리스 문명의 발생지인 마케도니아와 로마 제국의 수도 로마에 이르는 선교의 역사가 되었습니다.

7. 시편에 묘사된 찬양과 경배를 하였습니다

8. 교회는 성도들의 집에 모여서 주님의 빵과 잔을 나누었습니다

어떤 자격을 갖춘 사람만이 집례 할 수 있는 종교 의식이 아니라, 예수님께서 제자들과 마지막 유월절 저녁 식사를 하실 때 빵과 포도주를 가지고 하셨던 것처럼, 성도들은 주님의 이름으로 가정에서 식탁에 둘러 앉아 함께 빵과 잔을 나누었습니다. 성령은 성도들이 예수 이름으로 모여 예수 그리스도를 기억하는 그 자리에 함께 계십니다.

주님은 "내가 이제 가면 대신 보혜사 성령을 보내어 성령이 너희와 함께 있고(요 14:16), 너희가 내 이름으로 모이는 곳에는 나도 거기에 있을 것이다(마 18:20), 너희를 위하여 주는 내 몸이라(눅 22:19)"고 말씀하셨습니다. 빵을 먹으면 그 빵이 우리 몸의 일부가 되듯이 우리는 그리스도의 몸입니다. 함께 같은 잔을 나누어 마시는 것은 주님의 피로 세우신 새 언약을 기억하기 위한 것입니다.

9. 치유, 성령 받음, 파송하여 보내기 위해 안수하였습니다

새 신자가 성령을 받도록 돕거나, 아픈 사람의 병 낫기를 위해서나, 교회에서 일꾼을 파송하기 위해 교회는 안수를 하였습니다.

10. 임박한 그리스도의 재림을 믿고 살았습니다

초대교회 성도들은 점점 가중되는 세상의 핍박과 함께 더욱 임박한 재림에 대한 믿음을 가지고 살았습니다. 그러나 예수님이 기대처럼 곧 오시지 않고, 제자들은 순교하기 시작하였으며, 교회에 대한 박해는 점점 더 가혹해졌습니다. 이런 분위기 속에서 제자들은 성령의 감동을 따라 성경을 기록하기 시작했습니다. 사도들의 서신서와 신약성경의 전체적인 분위기는 요한계시록을 마무리하고 있는 22장 20절의 "마라나타", 즉 "아멘 주 예수여 오시옵소서"와 같습니다. 그들은 주님이 빨리 오시기를 간절히 바라면서 핍박을 견디며 이기는 자로 살았습니다.

그리스도의 재림이 임박하다는 믿음은 우리로 하여금 주님을 더 가까이하게 합니다. 재림을 기다리는 신앙은 믿음을 더욱 순수하게 해 주며, 이 땅에서 사는 부르심의 사명에 집중하게 해줍니다. 지혜로운 그리스도인은 주님 앞에 서는 날을 생각하면서 하루하루를 주님께 감사하며 뜨겁게 주님과 이웃을 사랑하며 삽니다.

11. 지옥과 의인의 영원한 보상을 믿었습니다

그들은 회개하지 않고 죄인으로 죽은 자들이 지옥에서 영원히 고통 받을 것이라는 사실을 믿었고, "하나님은 자기를 찾는 자에게 보상하시는 분"임을 믿었습니다(히 11:6).

12. 사랑으로 하나가 되어 연합하였습니다

그들은 핍박 가운데 더욱 서로 사랑하며 하나가 되었고, 전적으로 헌신하고 순교하거나 핍박을 피해 삶의 터전을 떠나 나그네로 살기도 했습니다.

예루살렘의 파괴와 교회

서기 66년에 유대인들은 독립운동을 전개했습니다. 그들의 독립운동은 서기 70년 디도Titus 장군이 이끄는 로마의 군대에 의해 무자비하게 짓밟혔습니다.

요세푸스Josephus라는 로마인 역사가가 쓴 역사책에 의하면 110만 명의 유대인이 살해당했고, 인근 지역에서 25만 명이 살상되었으며, 97,000명은 포로로 잡혀가서 사자 밥이 되기도 하고 검투사와 싸움을 하다가 죽었습니다.

예루살렘 성이 로마의 디도장군에 의해서 완전히 파괴될 때 기원전 20년 경 헤롯 왕 때 지었던 제 2성전도 파괴되었습니다. 이 때 혹시 녹아서 돌 사이로 들어간 금을 찾으려고 벽돌을 파헤쳤다고 합니다. 성전은 완전히 파괴되었으며 지금 그 터 위에는 이슬람의 회당이 지어져 있고, 유대인들에게는 "통곡의 벽"이라 불리는 성전의 기초가 되는 일부 벽만 사용되고 있는 실정입니다. 이리하여 마태복음 24:2에서 "돌 하나도 돌 위에 남지 않고 다 무너뜨려지리라"고 말씀하신 예수님의 예언이

통곡의 벽

서기 70년에 이루어졌습니다. 유대교와 율법의 상징이라고 할 수 있는 예루살렘과 그 곳에 지어진 성전의 파괴는 자연스럽게 율법에서 요구하는 성전과 제사와 제사장이 필요 없는 새로운 예배와 교회의 탄생이라는 새 시대를 열게 하였습니다.

사도행전의 역사가 대부분의 현대 교회에서 사라진 이유

1. 성경의 왜곡, 합리화, 종교 의식화Ritual, 형식화 때문입니다

　세대주의 관점을 가진 사람들은 "사도행전이 기록될 때는 신약성경이 없었으므로 성령의 은사나 표적들이 필요했었지만, 이제는 성경이 완성되었으므로 이런 초자연적인 것들은 필요 없다."고 믿습니다. 이것은 성경을 왜곡하거나 합리화하는 것에 지나지 않습니다.

　그러나 처음에는 의미가 있고 내용이 있었는데 세월이 지나면서, 실제로 내용은 없고 그 의미가 사라지며 형식만 남게 되는 것은 의식화, 형식화의 문제입니다. 예를 들어 외국 선교사들이 한국에 와서 설교하면서 예화를 들 때 "~하는 것은 여기에 계신 장로님처럼 이렇게 해야 합니다."라고 하려고 본이 되는 장로님들을 앞에 앉으시라고 했다고 합니다. 교회에 본을 보이기 위한 것이었는데, 세월이 지나서 장로석이라는 것을 만들어 장로들을 구별하여 대접하는 전통이 되었다고 합니다. 좋은 의도로 시작했지만 의미는 사라지거나 변질되어 종교적 형식이 되어버립니다.

　목사가 가운을 입는 것은 신약성경에서는 근거를 찾아 볼 수 없는 구약 제사장 제도의 그림자이거나 소위 "성직자"와

"평신도"를 구별하는 잘못된 특권의식 때문일 수도 있습니다. 예배를 마무리할 때 손을 들어서 축도를 하는 것도 구약의 제사장들의 축복 기도에서 기인한 것 같습니다. 바울은 고린도후서를 마무리하면서 자연스러운 축복 기도로 "우리 주 예수 그리스도의 은혜와 하나님의 사랑과 성령의 교통하심이 있도록"(고후 13:13) 기도하였습니다. 서로를 축복하는 것은 누구나 언제나 할 수 있는 것입니다. 특별한 예배에서 특별한 자격을 갖춘 사람만이 다른 사람을 축복할 수 있는 것이 아닙니다.

2. 불신자들의 관례와 신조들이 혼합되었기 때문입니다

로마의 이교도들은 태양신을 섬겼는데 강제로 예수를 믿도록 하다 보니, 예수님의 정확한 생일을 알지 못했기 때문에 이교도들이 태양신의 생일을 기념하기 위한 12월 25일을 예수님의 탄생일로 정하게 되었다고 합니다. 뿐만 아니라 태양신을 숭배하는 날을 예배드리는 날로 정해서, 주일이 선데이Sunday, 즉 태양의 날이 되었다고 합니다.

마리아 숭배사상도 보면, 로마에 가면 사랑의 신, 아름다움의 신 등 여성 신들이 많이 있는데 이교도들의 예배가 불법이 되고 갑자기 지금까지 믿어왔던 신들을 못 믿게 되자 그들이 숭배하던 여신 아이시스를 자연스럽게 마리아로 호칭하며 숭배하게 되었습니다. 우리는 모두 '거룩한 성도'인데 그 당시 성도는 특별히 성인이라고 해서 다시 구별해 놓고, 그들에게 기도하면 더 잘 들어 줄 것이라는 믿음을 조장하였습니다. 이렇게 물질주의, 형식주의, 의식주의가 팽배하게 되어서 교회는 계속 종교화되었습니다.

3. 사람의 전통들이 진리보다 더 중요하게 되었기 때문입니다

> 너희가 전한 전통으로 하나님의 말씀을 폐하며 또 이 같은 일을 많이 행하느니라   막 7:13

> 누가 철학과 헛된 속임수로 너희를 사로잡을까 주의하라 이것은 사람의 전통과 세상의 초등학문을 따름이요 그리스도를 따름이 아니니라   골 2:8

이것은 신약성경에 이미 여러 번 언급되었듯이 오늘날도 우리가 조심해야 하는 것입니다. 사람들에게 좀 더 설득력 있고 쉽게 하려고 눈높이를 낮추다 보면 복음 선포의 능력보다는 설득과 격려와 동기부여 수준의 설교를 하기 쉽습니다. 더구나 SNS에서 인기에 연연하는 것은 여론의 눈치를 보며 불의의 이익을

꾀하는 정치인들과 다를 바가 없습니다. 인기 있는 설교자가 아니라 제자를 만들고 있는 목사인지와 주님의 말씀이 우리의 기준입니다. 아무리 최신 과학의 이론의 도움을 받아 성경이 말하는 하나님의 능력과 창조 세계의 비밀을 설명하려고 한다 해도 어차피 사람의 지식과 논리로 불신자들에게 역사하는 불순종의 영을 제거할 수는 없다는 것을 알아야 합니다.

> 형제들아 내가 너희에게 나아가 하나님의 증거를 전할 때에 말과 지혜의 아름다운 것으로 아니하였나니 내가 너희 중에서 예수 그리스도와 그가 십자가에 못 박히신 것 외에는 아무 것도 알지 아니하기로 작정하였음이라 내가 너희 가운데 거할 때에 약하고 두려워하고 심히 떨었노라 내 말과 내 전도함이 설득력 있는 지혜의 말로 하지 아니하고 다만 성령의 나타나심과 능력으로 하여 너희 믿음이 사람의 지혜에 있지 아니하고 다만 하나님의 능력에 있게 하려 하였노라 고전 2:1-5

우리에게 필요한 말씀은 예수 그리스도의 복음입니다. 진리의 말씀을 선포하여 말씀이 실재가 되는 삶을 살도록 해야 합니다. 하나님의 사랑을 알 때 우리도 하나님을 사랑하게 되고, 하나님을 아는 만큼 하나님을 신뢰하게 됩니다. 바울은 복음을 정확히 알고 있었던 사람입니다. 뿐만 아니라 그는 율법은 물론 유대교의 전통도 잘 알고 있었고, 무엇이 복음과 다른지 정확히 알고 있었습니다.

교회의 타락과 로마의 멸망

A.D. 313년 콘스탄틴Constantine 황제는 밀라노 칙령을 반포해 기독교를 허용하였으며, A.D. 392년 데오도시우스Theodosius 1세는 동·서 로마제국의 분열을 막기 위해 기독교를 공식국교로 선포했습니다. 기독교가 공식국교로 선포되자 교회는 타락하기 시작했습니다. 원래 가톨릭catholic이란 단어는 "일반적인, 우주적인, 모든 것을 다 포함하는"이란 의미로서, 전체적으로 통용되는 유일한 교회라는 말입니다.

A.D. 375년에는 게르만 민족이 로마제국을 침략하기 시작했고, A.D. 476년에는 서로마지역이 고트족, 반달족, 훈족에게 점령당했습니다. 오스만 왕조는 발칸 반도로 진출하여, 1453년에 난공불락을 자랑하던 콘스탄티노플의 성벽을 무너뜨렸습니다. 이것은 동로마 비잔틴 제국의 멸망뿐만 아니라 그리스·로마 문명의 완전한 몰락과 역사의 단절을 의미하는 것이었습

니다. 콘스탄티노플의 함락은 흔히 서양 역사에서 중세를 마감하고 근대가 시작되는 하나의 상징적인 사건으로 간주되고 있습니다.

중세 천 년 암흑기간[3] 동안에 교회가 퇴보함과 동시에 성직 매매, 뇌물, 부패, 부도덕 등 가톨릭은 교리적으로 퇴보했을 뿐만 아니라 도덕적으로도 타락하게 되었습니다. 당시 가톨릭은 우상을 숭배하고 심지어 마리아의 발톱, 마리아의 머리카락, 예수님을 감았던 옷이라고 하는 것들을 많이 사서 모은 것을 신앙심이라고 존중했다고 합니다.

교회가 부패하고 우상 숭배하는 이교도로 변해갈 때 마호메트가 A.D. 622년에 나타났습니다. 마호메트는 메카에서 우상 360개를 다 깨뜨리고 박해를 피해 메디나로 이주했습니다. 그렇게 해서 이슬람교도Muslim가 등장하게 되었습니다. 이슬람교도들은 열정적인 추종자들에게 월권행사의 영을 부여해서 다른 사람의 의지와 관계없이 무조건 마호메트를 믿고 알라를 믿으라고 강요했습니다. 비신자의 영혼을 사랑하는 것이 아니라 증오에

---

[3] 서로마가 멸망한 A.D. 476년부터 콘스탄티노플이 멸망한 A.D. 1453년까지.

근거하는 종교이며, 검으로 포교하고, 노예제도, 여권하락, 일부다처제로 이어졌습니다. 또 그들은 예수님을 그리스도가 아니라 유대인의 예언자 중에 한 사람으로 취급했습니다.

제 2 장

신교의 뿌리

비텐베르크의 캐슬 교회 (Castle Church)
루터는 구원을 받기 위한 면죄부 판매가 비성경적이라는 이유를
토론하려는 목적으로 95개 반박문을 교회에 붙였다

마틴 루터 (Martin Luther, 1483.11.10 – 1546.2.18)

개혁의 준비 작업

콘스탄티노플이 1453년에 멸망함으로써 중세를 마무리하고 근대가 시작될 때, 1456년에 독일에서 인쇄술이 발명되었습니다. "인쇄술"의 발명은 로마제국의 언어, 지배 계층이었던 사제들의 언어로 쓰여 그들만 볼 수 있던 성경(라틴어 성경 불가타)을 평민들의 언어, 자기 모국어로 번역하고 보급할 수 있게 하여 그들에게 성경을 볼 수 있는 기회를 주었습니다. 성경 번역과 보급의 확대는 마침내 천 년 중세의 집단 무지를 끝냈습니다. 대중들은 진리를 모르므로 집단적으로 거짓 정보를 진리로 믿고 살았던 것입니다.

"다이너마이트"의 발명은 기사들을 무력화했습니다. "나침반"의 발명으로 신대륙을 발견하러 나가게 되었습니다. 마침내 그들은 지구가 평평하지 않고 둥글다는 새로운 세계에 눈이 열리기 시작했습니다. 우리는 지난 백 여 년 동안 과학과 의학의 발달로 인해 폭발적인 인구증가를 경험하고 있습니다. 컴퓨터, 인터넷, 스마트폰의 상용화는 앞날을 예측할 수 없는 변화를 가져오고 있습니다. 이제는 영어가 사실상 인터넷의 공용어가 됨으로써 영어만 배우면 누구나 대부분의 정보에 접근할 수 있고 신속하게 공유할 수 있게 되었습니다.

이렇게 중세 암흑기를 지나면서, "르네상스 시대" 즉 문예부흥은 문학, 예술, 과학에 커다란 자유를 주었으며, 무지와 미신과 종교적 월권주의에서 빠져나오도록 도와주었습니다. 이어서 인간의 아름다움과 자유와 지성을 추구하게 되었습니다. 이렇게 르네상스 시대가 열렸으며, 르네상스 시대의 인물로는 세르반테스(1547-1616), 레오나르도 다 빈치(1452-1519), 에라스무스(1466-1536), 미켈란젤로(1475-1564) 등 수많은 작가와 예술가들이 있습니다.

미켈란젤로
(1475~1564)

레오나르도 다 빈치
(1452~1519)

세르반테스
(1547~1616)

에라스무스
(1466~1536)

개혁의 선구자들

마틴 루터를 통해서 종교개혁이 성공적인 출발을 하기 이전에도, 가톨릭 교회는 "가톨릭 교리가 틀리다"고 말하는 사람들을 이단으로 정죄하거나 귀신이 들렸다고 덮어 씌워 화형을 시켜 수많은 사람들을 죽였습니다. 수많은 사람들이 진리를 말하다가 교권의 박해로 순교하였는데 그들 중 대표적인 사람 세 명만 들어 보겠습니다.

피터 왈도Peter Waldo는 1176년에 프랑스 리용에서 미사의 효능과 연옥의 존재를 부인하다가 이단으로 선포되자 프랑스를 떠났습니다. 존 위클리프John Wycliffe는 라틴어로 된 "불가타" 성경을 영어로 번역했습니다. 영어는 영국이라는 작은 섬나라의 언어였습니다. 그런데 이 일로 이 사람은 사형을 당했습니다. 존 위클리프는 사형을 당하면서까지 불가타 성경을 영어로 완역했습니다.[4] 보헤미아 프라하의 존 후스John Huss는 종교개혁이 성공할 것을 예언하고 화형을 당해 죽었습니다.

---

4) 지금도 위클리프 성경 번역 선교회가 있는데, 그들은 성경을 자기 부족 모국어로 가지고 있지 않은 남아 있는 미지의 부족들에게 찾아가서 성경을 번역해 주는 선교사들이다. 위클리프 성경번역 선교회도 여기서 이름을 딴 것이다.

마틴 루터와 종교개혁

마틴 루터Martin Luther, 1483.11.10-1546.2.18는 그 당시 대부분의 중세 사람들처럼 늘 죽음에 대한 두려움과 죄의식을 가지고 살았다고 합니다. 당시의 사람들은 언제 지옥에 갈지 모른다는 생각에 구원에 대한 확신 같은 것은 생소한 것이었습니다. 설교는 율법적으로 정죄하는 연옥 설교, 지옥 설교가 대부분이었고 이는 사람들을 두려움과 죄의식에 묶어 둠으로써 교권에 순종하게 하고 자기들의 목적을 이루는 방법이었습니다. 이런 두려움과 죄의식에서 벗어나는 길은 하나님이 좋아하는 것을 하는 것이라고 믿었고, 그것이 극단적인 금식, 고행, 기도라고 생각했습니다. 그러나 그런 행위에도 불구하고 두려움이나 죄의식이 사라지는 것이 아니었습니다.

루터는 광산업을 하는 아버지 밑에서 부유하게 자랐습니다. 법학을 공부하던 루터는 방학을 맞아 집에 오는 길에 독일의 작센 지방의 슈토테른하임 마을 근처에서 몹시 심한 천둥과 번개를 만났습니다. 두려움과 죄의식 많던 루터는 벼락에 맞아 죽을까 겁이 나서, 빗속에서 하나님께 "성 안나여, 나를 살려 주소서! 그러면 수도사가 되겠습니다."라고 빌었습니다. 이 사건이 계기가 되어 그는 아버지의 실망과 반대에도 불구하고 수도사의 길을 선택하였습니다. 신부가 되기 위해서 수사로서 신부들이 훈련하는 비텐베르크Wittenberg 대학에서 수학하였고 히브리어와 헬라어로 성경을 읽을 수 있는 학자가 되었습니다.

루터는 비텐베르크 대학에서 시편과 로마서를 공부하고 강의를 하면서 고행이나 금식이나 헌신으로 구원받는 것이 아니라, 예수 그리스도를 믿음으로 말미암아 구원을 받는 것을 깨닫게 되었습니다. 즉 사람의 행위가 아니라 그리스도의 은혜로 인하여 자신의 믿음으로 구원을 받는다는 로마서에서 바울이 말한 말씀을 깨달은 것입니다.

성경을 잘 알고 있던 루터는 성경 속에서 면죄부 판매가 비성경적인 이유 95가지를 찾아냈습니다. 수도회의 수사로서 그 대학의 교수였던 루터는 그가 다니는 비텐베르크의 캐슬 교회Castle Church의 신부와 토론하려는 목적으로 95개 반박문을 교회에 붙였다고 합니다. 그런데 그것을 사람들이 가져다가 인쇄해서 나누어 읽기 시작했습니다. 그날은 모든 영혼의 날All Souls Day 하루 전, 1517년 10월 31일이었습니다. 독일 루터교회뿐만 아니라 대부분의 개혁교회는 이날을 종교개혁이 시작된 날로 기념하고 있습니다. 이렇게 시작된 종교개혁이 성공을 거두었습니다.

루터가 성경을 독일어로 번역함으로 독일어 성경이 퍼졌고 종교개혁이 성공한 뒤 독일에는 루터의 가르침을 따르는 루터교가 생겼습니다. 종교개혁은 독일에서만 일어난 것이 아닙니다. 스위스에서는 루터보다 나이가 젊은 칼뱅Calvin이 스위스 제네바에서 종교개혁을 했습니다. 또 스위스에는 츠빙글리Zwingli도 있었는데 그는 교황의 군대가 침략해 오자 전장에서 싸우다 전사했습니다. 영국 북부인 스코틀랜드에는 존 녹스John Knox를 중심으로 종교개혁이 일어나서 그 결과로 독일에는 루터교, 영국에는 성공회, 스코틀랜드에는 장로교가 생겼습니다.

루터로부터 시작된 논쟁이 교황청에까지 문제가 되자 마침내 그는 종교재판에 회부되었습니다. 그는 보름스 제국회의Diet of Worms에서 재판을 받고 귀가하던 중 독일의 프리드리히 군주에 의해 바르트부르크 성에 피신하여 숨어 지내는 동안 성경을 독일어로 번역하였습니다. 이는 후에 영어로 번역하는 계기가 되었고, 루터는 그 후에도 평생 독일어 성경을 더 잘 번역하고 다듬어서 현대 독일어에 지대한 영향을 끼쳤습니다. 그는 성경의 진리가 우리에게 바로 전달되도록 설교하고 가르치고 책도 많이 썼습니다.

루터의 영향력은 대단한 것이었습니다. 기독교 2000여 년 역사에 있어서 최고의 신학자라고 할 수 있는 루터가 종교개혁을 하면서 남겨놓은 3대 논문 「크리스천의 자유」, 「교회의 바빌론

감금」, 「독일 크리스천 귀족에게 고함」은 지금 읽어봐도 현대 교회가 루터가 주장했던 이 진리를 따라 자유롭게 살고 있지 못한 것들을 발견하게 합니다.

모든 개신교는 종파와 관계없이 전부 루터의 종교개혁으로부터 시작된 것입니다. 하나님이 루터라는 탁월한 한 사람을 종교개혁자로 세웠습니다. 물론 루터보다 먼저 왔던 많은 선구자들은 대부분 이단으로 정죄 받고 죽었지만 하나님은 루터와 그의 시대에 종교개혁을 이루셨습니다. 그로 말미암아 암흑시대가 끝나고 성경의 진리가 밝혀지는 시대로 들어가게 되었습니다.

교회를 구출한 혁명

이 종교개혁은 교회를 구출하는 혁명이었으므로 종교혁명이라고도 합니다. 교회를 교황의 권세로부터 구원하였으며, 신부의 면죄부를 사야만 구원받는다는 거짓말에 더 이상 사람들은 속지 않게 되었습니다. 면죄부 판매와 신부에게 있는 속죄권 뿐만 아니라, 마리아와 성인들에게 드리는 기도 등 수많은 비성경적인 전통을 버렸습니다. 침례와 성찬 이외에 그리스도가 정하지 않은 모든 성례, 즉 성수 뿌리기, 결혼식 할 때 하는 의식들, 죽기 전에 받는 축복기도 등 신약성경에 나와 있지 않은 것들은 다 없앴습니다.

제사 드리듯이 미사에 참석하는 데 의의가 있는 것이 아니라, 말씀을 듣고 깨달아 마음으로 결단하며, 영과 진리로 예배를 드리게 되었습니다. 신부에게 개인적인 죄를 고백하는 것으로부터 해방되었습니다. 성직자의 독신과 가난과 순종의 서약도 강요되지 않았습니다. 예배에서도 알아듣지 못하는 라틴어를 사용하고, 신부들만 알아듣는 라틴어로 축복하는 대신 알아들을 수 있는 모국어로 하는 기도를 듣게 되었습니다. 각종 성물, 묵주, 양초, 성수, 제단, 형상과 같은 것들로부터 교회를 자유롭게 했습니다.

교회는 그리스도 교리의 초보 중 첫 번째 죽은 행실의 회개가 회복되었습니다. 죽은 행실로 구원받는 것이 아니라 믿음으로 구원받는다는 단순한 복음이 회복된 것입니다. 성경이 전파되므로 말씀이 급속히 전파되었으며 마침내 교회는 무기력과 배교에서 깨어나게 되었습니다.

한 젊은 수도승의 성경 연구로 얻은 진리의 말씀에 대한
믿음과 불의에 대한 용감한 도전이
그와 그후의 그리스도 교회는 물론 역사를 바꾸었다
지금도 사람의 전통은 끊임없이 도전받고 하나님의 말씀으로 개혁되어야 한다

칼뱅주의와 알미니안주의

칼뱅주의	알미니안주의
택자 구원	만인 구원
제한된 속죄	만인 속죄
전적 타락	전적 갱신
불가항력적 은혜	저항할 수 있음
영원한 안전	자발적·적극적 노력과 의지

기독교 강요 영문판

칼뱅이 죽은 후 그가 해석한 성경 교리를 추종하는 사람들로 말미암아 칼뱅주의가 생겼습니다. 칼뱅은 20대 후반에 『기독교 강요』를 쓸 만큼 탁월한 성경학자요 천재적인 신학자였습니다. 칼뱅이 성경을 해석한 내용들이 당시에 탁월했던 것은 분명하지만 500년 전에 칼뱅이 20대에 깨닫고 쓴 책을 모든 성경해석과 교리의 중심으로 삼는 칼뱅주의는 재고할 만한 것이라고 생각합니다.

칼뱅이 주장한 "택자 구원"은 소위 예정설이라는 것입니다. 구원받을 사람이 정해져 있다는 것입니다. 선택은 오직 주권자이신 하나님의 뜻에 결정된다는 것입니다. 하나님 관점에서는 정해져 있겠지만, 우리도 그렇게 생각한다면 전도하려고 하지 않을 것입니다. 왜냐하면, 구원받을 사람으로 정해진 사람인지 아닌지 우리가 모르기 때문입니다. "제한된 속죄"는 택자 구원의 양면으로서 예수님은 구원받은 사람만을 위해서 피 흘려주셨다는 관점입니다. 타락한 인간에게는 선한 것이 전혀 없기 때문에 인간은 스스로 구원받을 수 있는 능력도 없다는 것이 "전적 타락"입니다. "불가항력적 은혜"는 하나님이 은혜를 주시려고 하면 인간은 자기 의지로 거절할 수 없다는 것입니다. "영원한 안전"은 구원받은 사람은 이 땅에서 다시 타락하지 않고 반드시 영혼이 구원받게 될 것이라는 것입니다.

그러나 알미니안주의의 입장은 인간의 자유의지를 더 강조합니다. 예수님이 모든 사람을 위하여 죽으셨다는 것을 믿기 때문에, 누구에게나 다 복음을 전해야 하고, 복음을 듣고 그 사람이 거절하면 구원받지 못하고 영접하면 구원을 받는다는 것입니다. 예수님은 모든 사람을 위해 속죄하셨기 때문에 사람은 누구나 거듭날 수 있고 경건한 삶을 살 수 있습니다. 그러나 하나님의 은혜도 개인이 거절하면 은혜가 역사할 수 없습니다. 자신의 의지를 통해서 은혜도 거역할 수 있으며 스스로 예수를 거절하여 지옥에 갈 수 있습니다. 감리교나 오순절은 알미니안주의 쪽입니다.

   신교운동과 종교개혁의 결과, 독일에서는 루터교, 스코틀랜드에는 존 녹스의 장로교가 국교같이 부흥을 이루었습니다. 루터가 95개조 반박문을 쓴 날이 1517년인데, 약 26년 후인 1543년 헨리 8세 때 영국 천주교가 '우리는 로마 가톨릭교회의 지배를 받지 않겠습니다.' 라고 교황청으로부터 완전히 독립해 나왔습니다. 그것이 영국의 국교 성공회입니다. 성공회는 개신교인데 겉모양(용어, 복장)은 천주교와 같습니다. 건물양식도 비슷합니다.

청교도

   영국이 국교를 성공회로 정하자 종교의 자유를 가지고 성경대로 믿고 살기를 원하는 사람들이 신대륙으로 찾아 떠났는데 그들이 바로 청교도Puritans입니다. 청교도들이 영국 국교로부터 계속 핍박을 피해 찾아 나선 곳이 북아메리카였습니다. 북아메리카는 청교도들이 그들의 이상향을 이루려고 갔던 첫 정착지입니다. 그들의 후손들을 중심으로 마침내 영국의 식민지에서 독립하게 되어 미국이란 나라를 세웠습니다. 이렇게 청교도들은 영국 국교회로부터 분리되고 독립하게 되었습니다. 영국으로부터 독립했기 때문에 독립주의자 또는 분리주의자라고도 부릅니다. 이들 외에도 넓은 땅에 여러 민족들이 유입되어 자유로운 신앙생활을 하게 되었으므로 오늘날 우리가 알고 있는 많은 소수교파 개신교들이 생겨나고 부흥하게 되었는데, 퀘이커Quaker, 회중 교회Congregational Church, 메노파Mennonite, 아미쉬Amish 등과 같은 형제 교회Brethren Church 같은 성도들 중심의 새로운 교회 운동들이 뒤를 이어 일어나게 되었습니다.

재침례파

각 사람은 자신이 복음을 듣고 믿음으로 침례를 받아야 하는데 어렸을 때 받는 유아세례는 의미가 없으므로 성인이 되어 다시 침례를 받아야 한다는 교리를 강력하게 주장했던 사람들이 재침례파Anabaptist 입니다. 재침례파는 유아세례를 받은 사람들을 다시 침례를 받게 하는 것이 올바른 기독교라 했습니다.

"재침례파"는 침례 외에도 제자훈련, 형제애, 교회의 회복, 교회와 국가의 분리와 같은 것들을 상당히 강조하였고, 그들은 독일 사람들과 루터교로부터 가혹하게 핍박을 받았습니다.

재침례파 이후 250년간 신교의 박해를 통해 살아남은 교파들은 스위스와 독일 남부의 '형제 교회 Brethren Church', 네덜란드와 독일 북부의 '메노파 Mennonite', 모라비아 지역에 '후터파 Hutterite' 등이 있습니다. 미국은 자유가 있기 때문에 개신교 안에서도 250~300년 동안 작은 분파운동들이 많이 일어났고, 지금도 일어나고 있습니다.

교리뿐만 아니라 성결한 삶을 강조한 성결운동

믿음으로 구원받은 것을 강조하다보니 삶과 행동이 따르지 못하고 이를 합리화하는 경향이 반작용으로 나타나게 될 때 성결운동은 내적인 역사, 거룩한 삶을 위한 능력을 입는 것을 강조하였습니다. 또 세상과의 격리를 주장해서 술 먹는 것, 춤추는 것, 극장에 가는 것, 욕하는 것, 화장하는 것, 파마하는 것과 같은 것들을 구체적으로 금지하였습니다. 교회에서 성결한 삶을 위한 구체적인 새로운 법들을 제시하고 준수할 것을 기대했습니다.

성결운동은 구원받은 자의 성결한 삶 즉 교리뿐만 아니라 변화된 삶을 강조하다보니, 세련되고 보수적인 지식인들은 이것을 지나친 감상주의로 보았으며, 대표적으로 영국의 감리교회는 성공회로부터 심한 핍박을 받으며 확산되었습니다.

초대교회는 경험에서 태어난 후 교리가 형성되었습니다. 교리는 장작과 같은 것이고 감정, 열성은 불과 같은 것입니다. 장작도 있어야 하지만 감정도 있어야 하고 열정도 있어야 합니다. 불은 꺼지고(경험) 교리(머리)만 남으면 안 되고, 불만 남고 장작이 없어도 안 되는 것입니다. 그러므로 하나님은 끊임없이 죽은 교리로 남아 있는 곳에 새로운 생명을 불어넣기 위해 새로운 운동의 불을 붙이셔서 사도행전에서 보는 그대로 모든 족속으로 땅끝까지 복음이 전파되기를 원하십니다.

침례교

침례교Baptist는 창시자가 따로 있지 않지만 스스로 재침례파의 후손이라고 보고 있습니다. 이들은 인생의 유일한 법칙으로 성경의 감동과 예수 그리스도의 주되심을 믿고 성찬과 침례를 합니다. 침례교는 말 그대로 침례를 중요하게 여길 뿐만 아니라 지역교회의 독립성을 강조하는 특징을 가지고 있습니다. 교단에서 목사를 안수하는 것이 아니라, 지역교회에서 성도들이 교회에서 검증된 사람을 목회자를 세우고 안수하여 교회 개척자로 파송합니다. 전도해서 성도들이 모이면 그들 가운데서 리더를 뽑고, 뽑힌 리더는 교단에서 요구하는 신학공부를 한 후에 그 회중이 교회에서 안수합니다. 성경대로 양무리들 가운데서 목자를 뽑는 회중중심의 독립적 교회입니다. 침례교는 교회와 국가의 분리, 영혼구원과 선교를 강조합니다.

감리교

요한 웨슬리John Wesley는 감리교Methodist 운동의 창시자가 되었습니다. 그는 옥스퍼드 대학에 다닐 때 예수님을 더 잘 믿고, 성결한 삶을 살기 원하는 학생들을 중심으로 모임을 조직해서 지도하였습니다. 지금으로 말하자면 셀 운동, 소그룹 운동이었습니다. 성경공부의 방법론, 기도, 습관의 실천들에서 조직적인 방법 때문에 사람들로부터 방법론자Methodist라고 불리게 되었습니다. 그들은 요즘 말하면 성령 운동하는 사람들이었고, 경건하게 살려고 노력하는 크리스천들이었습니다. 그들은 헌신과 순종의 삶을 강조한 야곱 스페너Jacob Spener의 영향을 받았으며 이 가르침은 경건주의로 알려졌습니다.

경건주의는 1727년에 유럽의 모라비안Moravian 부흥의 시발점이 되었습니다. 모라비안 운동은 그 당시 세계 교회 개혁에 결정적으로 영향을 끼친 영적 운동이었습니다. 보헤미아에서 살던 모라비안들은 1722년에 로마 가톨릭 교회의 개신교 탄압을 피해, 독일 드레스덴의 니콜라우스 진젠도르프 백작의 영지로 이주하였습니다. 3년 뒤에는 1백 명이나 되는 성도들이 진젠도르프 백작의 영지로 이주했는데, 진젠도르프 백작도 모라비안들과 기도회를 같이할 정도로 모라비안의 경건주의 운동에 적극 참여를 하였습니다.

모라비안은 남아프리카공화국, 청 제국, 페르시아, 북극 등에서 활발한 해외선교를 벌였습니다. 농사짓고 살면서 수많은 사람을 선교사로 파송했습니다. 모라비안 교도는 흑인 노예들이 미국에서 많이 고생한다는 소식을 듣고 자기 몸을 노예로 팔아 흑인 노예들을 전도하기도 하였습니다. 그들은 또한 열렬한 기도를 실천하였으며 100년간 기도모임을 지속하였습니다. 그들의 기도회와 예배에는 즉흥적인 예언과 영의 노래가 보편화 되었습니다. 우리가 교회에서 예배 드릴 때, 방언 통역이 없어도 방언을 말해 자신을 새롭게 하고 기름부음을 활성화하듯이, 이들은 예언과 영으로 늘 노래를 하였습니다. 그들은 큰 예배당을 짓지 않고 자기들 마을에서 살았습니다. 25년간 100명의 선교사를 파송했는데, 그것은 신교 선교 2세기 숫자보다 더 많은 숫자였습니다. 그들은 기독교 이천 년 역사에서 가장 성경적인 성도들이라고 평가를 받고 있습니다.

모라비안이 이렇게 알려지게 된 결정적인 계기는 바로 요한 웨슬리라는 사람에게 영향을 끼쳐서 감리교가 시작되었기 때문입니다. 그는 북아메리카의 조지아 지방으로 선교사로 사역하다가 포기하고 돌아오는 길에 대서양을 배를 타고 건너는데 폭풍을 만났습니다. 그는 폭풍 속에서 죽음에 대한 두려움은커녕 얼굴에 기쁨을 가지고 빗속에서 하나님께 찬송을 부르면서 기도하는 자기와 다른 그리스도인들이 바로 모라비안들이란 것을 알고 나중에 독일에까지 찾아가서 사람들을 만나고 큰 감동을 받고 돌아오기도 했습니다.

영국으로 돌아온 그는 어느 날 런던의 올더스게이트Aldersgate 거리에 있는 모라비안 성경 모임에 참석했습니다. 그날 저녁 그는

---

5) 1738년 5월 24일 웨슬리의 일기 참고, 감리교회는 이 날을 웨슬리의 회심주일로 기념하고 있다.

웨슬리의 일기 부분을 새겨놓은
런던의 한 박물관 앞의 기념물

"
그날[5] 저녁 [5월 24일]
나는 별로 내키지 않는 발걸음으로
올더스케이트 가에서 있는
한 모임에 (a society)
참석해 보니, 한 사람이
루터의 「로마서」 서문을 낭독하고 있었다

아홉시 15분 전 쯤에
하나님께서 그리스도에 대한 믿음을 통해서
심령 안에서 역사하는 변화를 묘사하는데
나는 나의 심령이(heart)
이상하게 뜨거워지는 것을 느꼈다.

구원받기 위해서는 그리스도만,
내가 그리스도를 믿었다는 것과
그분이 심지어 나의 죄까지도 제거하셔서
나를 죄와 사망의 법으로부터
구원했다는 확신이
내게 주어진 것을 나는 느꼈다.
"

Mark Williamson,
A Blueprint for Revival(Authentic Media Lt,UK, 2011) p.58.

누군가 루터가 쓴 로마서에 대한 주석 책 서문을 읽는데 가슴이 뜨거워졌습니다. 이 일을 계기로 감리교에서는 요한 웨슬리가 진정으로 가슴이 뜨거워져서 새롭게 거듭난 날을 올더스게이트 회심일이라고 하며 기념하고 있습니다. 요한 웨슬리에게 불을 붙여주고 그의 신앙을 근본적으로 되돌아보게 한 사람들이 모라비안 성도들이었습니다. 이들은 평신도를 복음 전도자로 세웠고, 믿음이 입증된 사람들을 성도들이 목회자로 세웠습니다. 요한 웨슬리의 감리교 운동을 통하여 영국에서는 유럽의 종교개혁과 같은 놀라운 영혼구원과 그리스도인의 회심 운동이 일어났습니다. 이런 영적인 운동에는 반드시 찬양과 예배가 활성화되었는데, 요한 웨슬리의 동생 찰스 웨슬리 목사는 요한 웨슬리의 설교를 중심으로 복음성가를 만들었는데 무려 4천 곡을 출판했습니다. 이러한 찬양 곡들은 19세기 개신교 선교에 큰 부흥을 일으켰습니다.

제3장

오순절 운동

존 G. 레이크의 치유 집회 천막과 사역팀

윌리엄 시무어 / F.F. 보스워스 / 존 G. 레이크

그리스도의 교리의 회복과 개혁 운동

그리스도의 여섯 가지 교리를 회복하는 하나님의 운동이 바로 교회 개혁 운동입니다. 오순절 운동에 들어가기에 앞서 주님이 가르쳐준 가장 중요한 그리스도의 교리 여섯 가지를 정리하고 넘어가겠습니다.

첫 번째는 신교 운동[6]입니다

약 천 년 동안 빼앗겼던 진리를 마틴 루터가 발견했습니다. 성경을 아는 사람들은 거짓말을 하고 있고, 백성은 무지해서 성경을 읽을 수 없으므로 무지가 왕 노릇한 것입니다. 무지한 사람은 속을 수밖에 없습니다. 죽은 행실에서 회개하고 믿음으로 구원받고, 영이 의롭다고 인정받고, 예수 그리스도의 보혈 능력으로 구원받는 것이 회복되었습니다. 이는 이스라엘 민족의 종살이로부터 가나안 땅의 정복까지의 여정, 유월절과 비슷합니다. 열 가지 기적으로 된 것이 아니라 문설주에 바른 피로 죽음을 건너뛴

---

[6] 종교개혁 즉 개신교(Protestant church), 개혁 교회(Reformed church)를 말한다.

것입니다. 예수의 피, 그 능력을 믿을 때 우리가 구원을 받는 것이지 어떤 능력이나 행위로 되는 것이 아닙니다. 홍해를 건넌 것이며, 에스겔의 마른 뼈에 생기를 불어넣은 것이며, 모세의 성막에서는 번제단을 뜻합니다.

두 번째는 성결운동입니다

유월절 피 때문에 죽지 않고 살아서 홍해를 건넌 것이 예수 믿고 침례를 받는 것입니다. 모세의 성막에서는 물두멍입니다. 물로 정결하게 씻는 것입니다. 혼을 성결케 하는 것은 성결운동에서 강조하는 점입니다. 18세기의 대표적인 성결운동의 인물은 감리교의 요한 웨슬리입니다.

세 번째는 오순절 운동입니다

오순절 운동은 1900년 12월 31일을 기점으로 보고 있습니다. 물 침례뿐만 아니라 구원받은 성도는 "성령세례"를 받아야 한다고 주장했습니다. 잃어버린 그리스도의 교리 세 번째가 1900년대에 회복되었습니다. 성경에도 침례를 "침례들"(히 6:2)이라고 복수로 말하고 있습니다. 주님께서 나를 믿는 자는 그 배에서 생수의 강이 흘러나리라고 말씀하셨던 성령의 임재와 충만함을 경험하며 사는 삶을 말합니다. 모세의 성막에서는 촛대, 즉 일곱 영을 뜻합니다. 성령의 역사로 말미암아 말씀에 대한 계시가 점점 더 분명해지고 능력과 역사가 많이 나타나게 된다는 것을 강조합니다.

네 번째는 은사주의Charismatic 운동입니다

오순절 운동이 교파를 초월하게 확산된 것을 은사주의 운동이라고 합니다. 좁은 의미로는 안수와 개인적인 예언이 회복된 것입니다. 오순절 운동으로 성령을 받는 것이 회복되어 성령을 받음으로 성령의 아홉 가지 은사가 나타나게 되었습니다. "믿는 자들에게는 이런 표적이 따르리니 곧 그들이 내 이름으로 귀신을 쫓아내며 새 방언을 말하며 뱀을 집어올리며 무슨 독을 마실지라도 해를 받지 아니하며 병든 사람에게 손을 얹은즉 나으리라 하시더라" (막 16:17-18). 병든 자에게 안수하는 치유는 믿는 자들이 다 할 수 있는 일입니다. 믿는 자들이 안수하면서 치유가 일어나고, 은사들이 전이되고 이런 교리가 회복됨으로 셀 교회가 세워집니다. 셀 리더는 목사입니다. 'pastor'라는 말은 '목자'라는 뜻입니다. 빌 해몬은 이런 운동이 활성화되어 성숙한 성도들이 목양을 하는 시대를 가리켜 "성도의 시대"[7]라고 불렀습니다.

---

7) 빌 해몬, 『성도의 시대』, 박노라 역, (CI KOREA, 2011).

그리스도의 몸 안에서 자기가 받은 은사와 직분을 따라 그리스도의 몸을 이루고 전부가 지체로 기능하며 사역하는 이런 엄청난 교회의 회복이 일어난다는 것을 강조하고 있습니다. 이스라엘 민족이 시내 산에 도착한 것과 같습니다. 모세의 성막에서는 분향단을 뜻합니다.

이제 남은 것은 두 개가 더 회복되어야 합니다. 가나안 땅에 들어가서 그곳을 온전히 점령하고 왕 노릇하며 다스리는 시온의 삶입니다. 사망권세를 이기고 부활하신 예수님의 부활의 능력이 우리를 통해 역사해서 죽은 자를 살릴 수 있는 단계를 얘기합니다.

다섯 번째 죽은 자의 부활로서 성도가 온전히 구비되어 사역을 하는 것입니다

여기에서 회복되는 것은 그리스도의 몸입니다. 1990년대 랄프 네이버 목사를 시작으로 지금까지 확산되고 있는 셀 교회 운동은 성도를 구비시켜 주님의 사역을 하도록 하는 초대교회의 원형을 회복하는 것입니다. 하나님의 군대가 일어나 정복하고 다스리는 것입니다. 신부운동, 하나님의 군대 운동 같은 것들이 모두

---

8) 커리 블레이크, 『하나님의 아들들의 나타남』(믿음의말씀사, 2019).

여기서 나온 것입니다. "하나님의 아들들의 나타남"[8]이 실현되는 것입니다. 예수선교사관학교에서 추구하는 성도들이 구비되어 삶의 현장에서 셀 교회를 목양하는 비전도 마찬가지입니다.

여섯 번째는 영원한 심판으로서 모든 성도가 그리스도의 사랑으로 기능하는 성숙한 성도가 되어 교회는 흠과 티가 없는 순결한 신부로서 신랑되신 주님을 맞을 완전한 준비를 마치는 것입니다

이는 주님의 임재를 상징하는 성막의 증거궤와 내용물을 나타냅니다. 교리와 삶은 그리스도의 교리가 완전히 회복되어 "흠 없고 티 없는" 신부와 같아야 하지만, 세상에서 하나님의 나라를 전파하는 데는 잘 훈련된 군대 같아야 한다는 것입니다. 군대는 60만 대군이 있어도 계급이 없는 사람이 없습니다. 그리고 훈련받지 않아도 되는 군인은 없습니다. 의사로서 의료 서비스를 제공할 군의관도 의사로서의 전문 훈련을 사회에서 받았지만 장교로서 섬길 수 있도록 몇 개월의 기본훈련을 받습니다.

그러므로 성도들은 누구나 하나님 나라의 군대가 되도록 반드시 훈련을 받아야 합니다. 그러므로 성도의 영적 성장과 훈련은 교회의 최고 우선순위가 되어야 마땅합니다. 한자리에 머물러 있지 않고 예수님의 분량까지 장성하여 자라가라는 것입니다. 하나님의 군대, 모든 사람이 직분을 가지는 성도의 시대가 되었습니다. 모든 성도가 그리스도 몸의 정확한 기능을 하는 것입니다. 한 비전, 한 생각, 한 말 그리고 온몸이 거기에 따라 기능하는 것입니다. 군대는 참모총장이 내린 명령을 말단 병사까지 복종하며 임무를 완수합니다. 자기 직분에 따라서 명령을 수행합니다. 이것이 마지막 교회의 모습입니다.

마지막 단계에서 강조점은 신부입니다. 예수님께서는 교회를 구속하시어 그의 동역자로, 온전한 신부로 계획하셨습니다. 신부가 준비되지 않으면 신랑이 오실 수 없습니다. 예수님의 재림은 신부가 준비됐을 때 이루어집니다. 신부의 영성은 두 가지인데, 첫째는 순결해야 합니다. 흠 없고 티 없는 순결한 신부와 같이 교회가 준비되어야 신랑인 주님께서 재림하실 것입니다. 둘째, 성숙한 신부입니다. 주님은 신부가 성숙할 때를 기다리고 계십니다. 주님은 교회가 영적으로 성장하며 성숙해지고 순결해지기를 원하십니다.

끝으로 우리가 천사의 방언(오순절 운동)을 할지라도, 모든 것을 예언할 능력(예언과 선지자 운동)이 있고, 산을 옮길 만한 믿음(믿음의 말씀 운동)을 가지고 있다고 해도 사랑이 없으면 울리는 꽹과리입니다. 온전한 사랑이 바로 궁극적 완성입니다. 사랑은 바로 신부에게 주님이 요구하는 절대적인 것입니다. 이렇게 교회가 완전히 준비되면 신랑이신 주님이 오실 것입니다.

성결운동

유럽을 통해 영국에서 요한 웨슬리로부터 시작되어 미국으로 넘어온 성결운동은 미국 감리교의 부흥과 교회 개척으로 꽃을 피우게 되었습니다. 요한 웨슬리(1703-1791)는 목사 집안의 열아홉 자녀 중에 열다섯째이고 아들로는 두 번째로 태어났습니다. 요한 웨슬리의 어머니 수잔 웨슬리는 자녀 열아홉을 낳아 양육하며 시간을 내어 기도할 수 없었기 때문에, 앞치마를 하고 집안일을 하다가 언제든지 앉아서 앞치마를 번쩍 들어서 머리를 덮으면 그것이 기도실이었다고 합니다. 그의 어머니는 그들이

요한 웨슬리 (1703-1791)

" 복음을 전하는 일,
선한 일을 위해 수고하는 일,
영혼을 구원하는 일에 애쓰는 것이
그의 유일한 목적이었으며,
그의 삶을 지배하는 열정이었다.
이런 것을 추구하기 위해
그는 바다와 육지를 두루 다녔으며,
편안함과 안락함과 모든 세상적인
즐거움을 제쳐놓았다. "
- 존 라일 -

(휫필드와 웨슬리, p110, 부흥과 개혁사)

"영국 지도에 철도의 측선이 석쇠같이 펼쳐져 있는 오늘에도 가장 강인한 도붓장수나 가장 결의에 찬 자전거 선수가 아니고서는 아무도 웨슬리와 그의 말이 다닌 발자취를 추적하여 마침내는 콘월(Cornwall)과 노섬벌랜드(Northumberland)와 랭커셔(Lancashire)와 버크셔(Berkshire)에 있는 수많은 바위와 천연 야외극장에서 웨슬리가 이교도들을 향하여 복음을 전파하던 곳을 다 찾아볼 수가 없다."
– 어거스틴 비렐 –
(존 웨슬리의 일기, p20, 크리스찬다이제스트)

"웨슬리가 죽음에 이를 당시 감리교 목사의 숫자는 영국에서 313명, 미국에서 198명에 달했다. 영국에서 감리교도의 숫자는 76,968명이었으며, 미국 감리교도의 숫자는 57,621명이었다. 이런 사실은 따로 설명할 필요없이 숫자 그 자체가 말해 준다. 그리스도의 일꾼 가운데서 웨슬리만큼 성공한 사람도 드물고 웨슬리만큼 자신의 눈으로 성공을 목격한 사람도 없을 것이다."
– 존 라일 –
(휫필드와 웨슬리, p109, 부흥과 개혁사)

어렸을 때부터 엄마, 아빠라고 말문이 트이자마자 주기도문부터 외우게 할 정도로 철저하게 훈련하였습니다.

요한 웨슬리는 옥스퍼드 대학에서 주위 사람들로부터 "방법주의자Methodist"라고 불렸는데, 매주 수시로 소그룹으로 모여 회개하고 기도하고 성경 읽고 금식하며 철저하게 자신들을 돌아보며 전심으로 하나님과 이웃을 사랑하고 영적으로 성장하려고 노력을 했습니다. 영국 성공회에서 교구를 받지 못하자 그는 사람들이 있는 곳을 찾아 나섰는데 가는 곳마다 사람들이 구원받고 변화되었으며, 거듭난 사람들을 소그룹으로 묶어서 서로 교제하면서 그리스도의 제자로 훈련받도록 하였습니다. 그는 당시의 교통수단이었던 말을 타고 영국 전역 어디든지 다니며 장소를 가리지 않고 찾아가서 설교를 했습니다.

그에게는 찰스 웨슬리라는 음악에 탁월한 재능을 가지고 있는 동생이 함께했는데 그는 수많은 복음성가를 작곡하여 보급했습니다. 사람들이 듣고 은혜 받은 말씀을 외우기 쉽고 따라 부르기 좋아하는 멜로디로 노래를 만들어 보급함으로써 중요한 말씀이 심령 속에 깊이 뿌리를 내리게 하여 말씀대로 살도록 했습니다.

요한 웨슬리보다 어렸지만 옥스퍼드 대학 시절의 "홀리 클럽Holy Club"의 친구였던 조지 윗필드George Whitefield는 음향 장비가 없던 시절에 대단히 크고 좋은 목소리로 능력 있는 설교를 했습니다. 그의 설교는 요한 웨슬리보다 더 영향력이 크고 청중도 많았다고 합니다. 그러나 그는 회심한 사람들을 웨슬리처럼 조직하는데 까지는 이르지 못하여서 부흥 운동의 탁월한 설교자로서 그쳤습니다.

조나단 에드워드Jonathan Edwards는 미국에서 성결운동, 부흥운동을 일으켰고, '진노하는 하나님의 손에 빠져있는 죄인의 비참함' 이라는 유명한 설교를 한 사람입니다. 그는 찰스 피니와 함께 대각성운동이라 불리는 회개의 부흥을 가져온 설교자였습니다.

필립 야곱 스페너Philip Spener, 진젠도르프Zinzendorf는 독일의 경건주의자들입니다. 여기에서 모라비안 교도9)가 나왔습니다. 찰스 피니Charles Finney, D.L. 무디Moody, 구세군을 창설한 윌리엄 부스William Booth, 기독교 역사상 최고의 설교자라고 불리는 찰스 스펄전Charles Spurgeon 등 이렇게 하나님은 성결운동에 많은 사람을 사용하셨습니다.

찰스 스펄전(Charles Spurgeon)

---

9) 1727년부터 25년 동안 100여 명의 선교사를 파송하였다.

영국에서 국교인 성공회로부터 핍박을 받자 웨슬리의 제자들은 요한 웨슬리에게 안수를 받고 미국으로 와서 복음을 전하고 교회를 세우기 시작했는데, 오늘날 우리가 알고 있는 미국 감리교회입니다. 그러므로 미국이 영국으로부터 독립한 시기와 감리교의 탄생 연대가 비슷합니다. 요한 웨슬리는 1791년에 돌아가셨으나 1800년대 미국에서 감리교는 서부개척과 함께 부흥했습니다. 1700년대, 1800년대 감리교 부흥으로 미국의 장로교회, 감리교회는 첫 선교사를 조선 땅에 파송하였습니다. 이렇게 해서 성결운동은 우리나라까지 영향을 끼쳤습니다.

오순절 운동[10]

오순절 운동은 예수를 믿을 때 성령으로 인하여 속사람은 거듭났지만 성령을 받는 두 번째 사건이 있어야 한다고 말합니다. 그것을 두 번째 축복 second blessing이라고 표현했습니다. 사도

---

10) 빈슨 사이난, 『세계 오순절 성결운동의 역사』, 이영훈·박명수 역, (서울:서울말씀사, 2000).

행전을 근거로 성령세례를 받은 증거로 방언을 말하는 외적 증거가 있어야 한다고 강조하는 것이 오순절주의입니다. 20세기는 한마디로 하면 기독교 역사에서 오순절의 시대였다고 말할 수 있습니다. 눈에 띄게 나타났고 많은 영향을 끼친 것을 볼 수 있습니다.

캔자스 주의 토피카에 찰스 파함Charles Parham목사가 세운 성경학교Bible School가 있었습니다. 그 성경학교에서 1900년 12월 31일 밤에 학생들이 기도하고 있었습니다. 찰스 파함은 성령을 받고 즉시 뒤따르며 유일하게 변함없는 확실한 증거가 무엇인지 학생들과 연구하면서 방언이라는 결론을 얻게 되었습니다. 그때 아그네스 오즈만Agnes Ozman이라는 여학생이 목사님이 안수하시면 제가 방언을 말할 수 있을 것 같다고 말했습니다. 찰스 파함 목사가 안수하자 그녀는 방언을 말했습니다. 이것을 체험한 후에 그녀는 사흘 동안 중국말만 나와서 영어로 말할 수 없었다고 합니다. 이전에도 인류 역사상 방언하는 사람들이 있었겠지만, 오순절 성령운동이라고 하면, 1900년 12월 31일 아그네스 오즈만이 방언을 말한 것을 오순절 운동의 시작이라고 봅니다.

아주사 거리 부흥

1906년에서 1908년까지 3년 동안 미국의 로스앤젤레스 "아주사 거리 부흥Azusa Street Revival"이 있었습니다. 윌리엄 시무어 William Seymour는 침례교회에 속한 남부 흑인 성결교파 부흥사였고 찰스 파함의 제자였습니다. 파함은 캔자스 주의 토피카에서 텍사스 휴스턴으로 학교를 옮겼습니다. 그 당시 미국남부는 흑인 노예제도를 찬성했던 주였습니다. 휴스턴은 흑백차별이 심했기 때문에, 그가 흑인이라는 이유로 학교에서 받아주지 않았습니다. 그러나 윌리엄 시무어는 파함의 제자가 되고 싶고, 성경

윌리엄 시무어 목사

아주사 거리 부흥 THE APOSTOLIC FAITH 집회로 사용되었던 건물

학교에서 배우고 싶었기 때문에 포기하지 않았습니다. 그는 성경학교에 입학을 못하자 복도에서 강의를 귀동냥으로 들었다고 합니다.

후에 그가 LA로 오자 여러 교회에서 집회 요청이 들어왔습니다. 그가 집회를 하는 곳에서는 사람들이 방언을 말하기 시작했습니다. 이렇게 아주사 거리의 한 집에서 집회 장소를 정하고 집회를 지속하게 됨으로써 아주사 거리의 부흥이 시작되었습니다. 집회에 참석한 많은 사람들이 처음으로 방언을 말하고 병이 치유되었습니다. 이때가 1906년입니다.

지금 우리 교회에서는 아이들도 대부분 방언기도를 하지만, 100여 년 전에는 이것이 역사적인 사건이었습니다. 이렇게 쉽게 방언을 말하는 것을 본 적이 없었습니다. 이렇게 역사가 일어나자 신문을 통해서 미국 전역에 뉴스가 되어 퍼져나갔으며 더 많은 사람들이 몰려왔고 나중에는 관광객들까지 오기 시작했습니다. 3년 후에 이 부흥의 불은 꺼졌지만, 아주사 거리 부흥은 오순절 운동이 미국 전역으로 퍼지는데 결정적인 역할을 했습니다.

오순절 운동은 세계 모든 민족에게 특히 유색인종, 아시아, 아프리카, 남미로 퍼져 나가야 할 하나님의 전 세계적인 회복운동이기 때문에 다민족이 모여 사는 LA에서 일어났습니다.

여러 가지 다른 방언을 말하고, 자유롭게 예배를 드리다 보니 손뼉도 치고 소리도 질렀으며, 그 당시에는 악기도 별로 사용하지 않을 때였는데 북이나 트럼펫 같은 악기들도 사용하고, 춤을 추고, 경배할 때 손을 들었습니다. 이전에도 영국 구세군 교단의 창시자인 윌리엄 부스는 북을 치고 트럼펫도 불면서 빈민가를 다니며 복음을 전했다고 합니다. 이런 일들은 당시 장로교나 루터교에서는 꿈도 못 꾸던 일이었습니다. 방언의 은사는 구원받은 사람의 영을 통하여 알 수 없는 언어로 기도하고 찬양할 수 있도록 하였으며 자유롭게 예배를 하도록 하였습니다.

오순절 운동의 교회들

새 포도주는 새 가죽 부대가 필요합니다. 중요한 것은 새 가죽 부대가 무엇인가입니다. 생명이 없으면 옛날 가죽 부대도 괜찮습니다. 그러나 생명력이 있어 발효하는 새 포도주는 낡은 가죽 부대가 보관할 수 없습니다. 새 포도주는 새 가죽 부대에 넣어야 합니다. 하나님께서는 이전 교단을 저버린 것이 아니라 사람들의 계시와 믿음의 수준에 제한을 받으십니다.

처음부터 기독교는 유대교에서 분리되어 나옴으로써 자유를 얻고 부흥하였습니다. 가톨릭 교회의 통치 아래서 바벨론 포로 생활을 하다가 무지와 교권의 폭정에서 해방되어 신교가 탄생하였습니다. 성경이 번역되고 출판되자 사람들은 성경을 통해 죽은 행실이 아니라 예수 그리스도의 은혜의 복음을 믿음으로 구원받는다는 단순한 진리를 알게 되고 진리가 그들을 무지와 맹신의 종노릇에서 해방하였습니다. 신교운동은 성결운동으로 이어지고 오순절 운동으로 넘어오게 됩니다.

어느 목사님이 담임하는 교회를 섬기면서 오랫동안 신앙생활을 해 왔던 한 성도가 예수선교사관학교에 입학해서 공부를 하면서 진리의 말씀으로 충격을 받더니, "제가 평생 다닌 교회의 목사님은 왜 이런 것을 안 가르쳐 주셨어요?"라고 물었습니다. 그래서 그 목사님은 자기가 알고 있는 말씀의 계시 수준에서 가장 좋은 것을 가르쳐주셨을 것이라고 대답해 주었습니다. 하나님은 지금도 일하고 계시고, 새로운 역사를 쓰고 계십니다. 우리가 과거의 교회 역사를 공부하는 이유는 하나님이 일하시는 것과 사람들이 인도받고 하나님께 사용되는 것을 배우고, 새로운 시대에 새로운 성령님이 일하시는 것을 분별하고 인도받기 위해서 입니다.

유대교의 전통과 신앙을 따르던 유대주의자들은 예수님은

물론 제자들과 그리스도인들을 핍박하였습니다. 로마 가톨릭 교회는 천 년 동안 종교개혁을 시도했던 사람들을 이단으로 정죄하거나 귀신이 들렸다고 하여 죽였습니다. 루터교와 장로교, 성공회는 성결교의 탄생을 핍박하였습니다. 요한 웨슬리를 가장 핍박한 사람은 영국 성공회였습니다. 대부분 미국의 장로교회와 감리교회는 초기의 오순절 운동을 무시했습니다.

기존 교단에서 운영하는 신학교에서 교육을 받지 않거나 가난한 사람들과 흑인 사역자들이 많으므로 주류 교파에서는 사역자들로 인정하지 않았습니다. 그러나 아주사 거리의 부흥 운동이 지속되던 약 3년 동안에 오순절 운동 소식은 신문을 통해 전파되었으며, 따라서 방언을 말하는 것도 자연스럽게 퍼져 나갔습니다. 이렇게 하여 드디어 미국에서 오순절 운동은 20세기의 최대의 기독교 운동으로 꽃을 피웠으며 세계의 곳곳에서도 성령을 받고 방언을 말하는 현상이 확산되었습니다.

미국에서 시작되어 아시아와 아프리카로 빨리 전파되었던 오순절 운동은 21세기에 들어서면서는 전통적으로 가톨릭교였던 남아메리카에서 크게 부흥하고 있습니다. 한국의 순복음 교회의 구역조직을 통한 교회 성장을 통해 영감을 받은 콜롬비아의 G12 운동이나 셀 교회 운동, 가정 교회 운동은 모두 오순절 운동이라는 한 뿌리에서 자란 것입니다. 대표적인 예로 엘살바도르에 있는 엘림 교회[11]는 수도 산살바도르의 인구가 100만인데 10만 이상이 이 교회의 등록 교인이라고 합니다. 방송국을 소유하고 있으며, 지진이 일어났을 때 이 방송국이 모든 뉴스를 빨리 전했으며, 구호 활동에도 정부보다도 역할이 더 컸다고 합니다. 지진으로 인한 이재민을 교회가 모두 수용해서 섬김으로써 교회가 지속해서 성장했다고 합니다.

라인하르트 본케 (Reinhard Bonnke)

---

11) 조엘 코미스키, 『열정과 끈기』, 안미영 역, (믿음의말씀사, 2015).

"아주사 거리의 부흥"이 20세기 초 오순절 운동 초기에 성령의 불을 확산시켰다면, 라인하르트 본케Reinhard Bonnke 목사의 CFANChrist For All Nations을 통한 복음전도 사역은 20세기 후반과 21세기에 걸쳐 기록적인 영혼구원을 하였습니다. 그는 동독에서 오순절 교회 목사의 아들로 태어나서 십대에 아프리카 선교사로 헌신하였으며, 하나님으로부터 "아프리카는 구원받아야 한다!Africa shall be saved"라는 계시를 받고 평생을 아프리카의 영혼 구원을 하는 복음전도자로서 살았습니다. 작게 시작했지만 그의 전도 집회에는 따르는 표적이 함께 함으로써 곧 빠르게 성장하여 마침내는 수백만 명이 참석하는 역사적인 기록을 세웠습니다. 수천만 명이 결신카드를 제출하였으며, 그의 표현대로 "지옥을 노략질"하여 수많은 영혼을 구원하였습니다.

일반적인 오순절파의 믿음

첫째, 사도신경의 진리를 믿었습니다.

초대교회 처음 약 300년간 기독교회의 주요 신학적 논쟁은 예수 그리스도의 신성과 인성에 대한 것이었습니다. 이때 만들어진 것이 지금 사도신경이라고 통용되는 신앙고백입니다. 구교와 신교가 동일하게 믿고 고백하고 있는 기본적인 고백인데 예수 그리스도의 신성과 인성을 강조하고 있습니다. 그러나 성령님에 대해서는 "성령을 믿사오며" 한마디만 언급했습니다. 오순절 교리는 이 말을 "구원을 받는 것과는 별개의 체험으로 성령을 받은 증거로 방언을 말하는 것을 믿사오며"로 발전시켰습니다. 지나친 표현 같지만 오순절 운동을 지금까지의 다른 개혁교회와 구별 짓는 정확한 표현입니다.

둘째, 신교, 성결교 운동에서 회복되었던 모든 진리와 영적체험들을 믿었습니다.

셋째, 방언을 말하는 것을 성령을 받은 증거로 믿었습니다.

"성령 충만 받고 그 증거로 방언을 말해야 한다"는 것은 오순절 운동의 핵심입니다. 사도행전 2장에 승천하시기 전 예수님께서 말씀하신 대로, 예루살렘의 마가의 다락방에서 모여 성령이 오실 것을 기다리고 있던 120명에게 성령이 오셔서 그들 모두가 성령의 가득 채움을 받고 방언을 말한 것이 기록되었습니다. 그 날이 유대인의 큰 절기 중에 하나인 오순절 날이었으므로 오순절 운동이라고 불리게 되었습니다.

넷째, 신학적으로는 개인의 의지와 책임을 중요시하는 알미니안주의였습니다.

다섯째, 천년 왕국과 환난 전 휴거 및 그리스도 재림 후 천년 왕국설을 믿었습니다.

오순절 운동 기간

20세기 초 러시아에서 성공한 공산주의는 70년 동안 기독교를 박해하였습니다. 그러나 지하교회 운동으로 일어난 오순절 운동은 공산주의 핍박 가운데서도 박해를 이겨냈습니다. 러시아의 공산주의가 무너지자 미국은 러시아 공산주의 밑에서 핍박받던 그리스도인 30만 명에게 이민 비자를 주었습니다. 미국이 이민 비자를 주어 살게 한 이들은 바로 순교자들의 후손들이었습니다. 공산주의 핍박 아래서도 침례교와 오순절 교회는 70년 공산주의를 통과한 것입니다. 비슷한 시기에 공산주의 혁명과 실험을 겪었던 중국에서도 비슷한 일이 일어났습니다. 중국 교회는 지금도 더욱 심한 박해를 받고 있지만 그들은 지하교회를 중심으로 말씀과 기도 중심의 순수한 믿음과 열정으로 지속적으로 확산되고 있습니다. 단지 정확하게 성경을 공부할 기회가 적어 교리적인 혼란이나 잘못된 지도자의 피해를 볼 수 있지만 인터넷과 스마트폰의 보급으로 정보에 접근하는 것은 세계 어디서나 쉬워졌습니다.

오순절 운동이 시작된 20세기에는 자유주의, 근본주의도 대두했습니다. 제 1, 2차 세계 대전이 일어나서 모든 나라가 식민지에서 벗어나 약 200개 이상의 나라가 독립하였습니다. 우리나라도 20세기에 독립을 했고, 교회가 확장을 이룬 시기입니다. 파스퇴르의 예방의학 등 과학기술의 발달이 이때에 많이 이루어졌습니다. 자동차, 비행기, 라디오, 녹음기, 카메라, TV, 영화 등은 대부분 이때 발명되었고, 지금도 현재 진행형으로 발전하고 있습니다.

제4장

한국 교회의 오순절 운동

장대현 교회

이용도 목사 (李龍道 1901-1933)
1931년 여름 인왕산 길마재 집회에서

남이 말하는 예수 그리스도와 내가 경험한 예수 그리스도

> 이에 돌아다니며 마술하는 어떤 유대인들이 시험 삼아 악귀 들린 자들에게 주 예수의 이름을 불러 말하되 내가 바울이 전파하는 예수를 의지하여 너희에게 명하노라 하더라 … 악귀가 대답하여 이르되 내가 예수도 알고 바울도 알거니와 너희는 누구냐 하며
>
> 행 19:13, 15

 마술을 하던 어떤 유대인들이 "바울이 전파하는 예수"의 이름으로는 악귀 들린 자에게 말했다가 봉변을 당했습니다. 다른 사람으로부터 들어서 아는 수준은 아무 힘이 없었습니다. 복음을 듣고 내 것으로 만들어야 합니다. 성경을 공부해 보고 성경 말씀에 근거한 믿음을 가져야 합니다. 진리를 모르는 사람들이 비판하고 핍박해도 흔들리거나 뒤로 물러나면 안 됩니다. 복음을 확신하는 그리스도인들은 가는 곳마다 세상을 소란케 하였다고 합니다. 복음을 알고 성령으로 충만한 성도들의 삶이었습니다. 복음을 바로 알고 성령을 받으면 사람들은 변화되고, 변화된 사람은 이 복음으로 사람들을 변화시킬 수 있습니다.

 구원의 확신을 갖게 한 다음에, 성령을 받은 증거로 방언을 말하도록 하는 데까지는 그 기간이 빠를수록 더 좋습니다. 구원의

확신과 성령을 받고 방언으로 영이 기도하는 것을 정확히 가르쳐서 편견이나 부정적인 정보가 없이 그것을 받아들이고 믿은 사람은 대부분 영접기도 후 즉시 동시에 성령을 받고 방언으로 기도합니다. 하나님은 영이시며, 사람은 거듭남으로써 그 영이 하나님의 생명을 받았습니다. 그는 이제 성령을 받아 거듭난 영으로 영의 언어인 방언을 말할 수 있습니다. 방언을 말함으로써 자신의 거듭난 영을 늘 휴대폰이 충전된 상태처럼 충만하게 유지할 수 있다는 것을 빨리 가르쳐주어야 합니다.

그러나 성령을 받고 방언을 말하는 경험이 늦으면 늦을수록 능력이 없는 그리스도인의 삶을 살게 됩니다. 처음부터 말씀과 영으로 기능하는 것을 배우는 대신, "주일 성수", "성경 읽기", "기도", "헌금", "전도"와 같은 것들을 먼저 배우면, 자라지도 않은 아이에게 일을 시키는 것과 같은 율법적인 정죄 아래 빠지게 됩니다. "성령을 받으면 권능을 받고 땅 끝까지 이르러 증인이 된다"고 했습니다. 그러나 성령을 받지 못하면 구원은 받았지만 구원받은 사람처럼 살 만한 능력이 없습니다. 왜냐하면 우리는 영이요, 혼을 가지고 있고 육체 안에 살고 있기 때문입니다.

예를 들어, 우리의 몸은 우리의 혼에게 지배를 받습니다. 몸은 의지가 없습니다. 몸이 빵을 먹고 싶다 해도 사실은 몸이 생각하는 것이 아닙니다. 배가 고프다는 신호는 몸이 보내오지만, 나의 혼이 빵 맛을 기억하고 원하는 것입니다. 그러나 빵을 먹으면 맛있지만 살찌니까 먹지 말아야지 라고 하는 것은 혼 안에서 둘 중에 하나를 선택해야 하는 것입니다. 그러나 지혜가 있고 성령이 충만하면 먹고 싶지만 몸에 좋지 않으므로 먹지 않아야 할 것은 안 먹을 수 있습니다. 그는 항상 바른 것을 선택할 수 있습니다.

성령 충만하면 말씀을 통해 영혼의 양식을 얻고, 말씀은 사람의 생각과 선택을 바꿈으로써 속사람과 삶을 변화시킵니다. 그리하여 우리는 영으로 기능하고 생각을 하나님 말씀으로 새롭게 하여 삶의 문제를 해결합니다. 주님의 말씀에 순종하여 성령의 능력으로 행하면 말씀이 실재가 되는 삶을 살게 됩니다.

이용도 목사와 한국교회의 성령 운동

미국에서 아주사 거리의 부흥이 일어났던 거의 같은 시기인 1907년에 일제의 식민지로 전락하는 조선 땅에는 평양의 장대현교회에서 있었던 말씀 사경회에 천여 명의 성도가 모여 들었고 그곳에서 회개의 부흥이 일어났습니다. 평양의 교회들 가운데 일제 말기에 신사참배를 거부하다가 순교한 주기철 목사가 섬기던 산정현교회는 일제 식민지 시대에 핍박 가운데 믿음을 지킨 한국의 자랑스런 교회가 되었습니다. 그러나 그때의 부흥은 주로 회개와 회심이 많이 일어났으며 방언을 말했다는 기록은 없습니다.

그러나 이 시기에 한국의 성령 운동 즉 오순절 운동에 나타난 독특하고 특별한 사역을 한 사람은 이용도 목사였습니다. 그는 전국을 다니면서 집회를 했는데 그의 집회에서는 성령의 역사가 많이 나타났으며 물론 방언도 나타났습니다. 그는 감리교 신학대학교를 나온 감리교단에 속한 목사였습니다. 목회를 하면서 여러 가지 다양한 성령의 역사가 나타나게 되자 감리교 교단으로부터 이단으로 정죄를 받았습니다. 그 후부터 그는 전국을 무대로 초청하는 교회에 가서 집회를 했습니다.

성령님의 임재 가운데 예배 시작기도에 목사가 울기 시작하자 성도들이 따라 울고, 회개하며 은혜를 받는 일도 자주 있었다고 합니다. 그의 부흥회는 울기만 했을 뿐 아니라 방언의 역사와 신유도 많이 나타났습니다. 그는 서울의 영혼들을 구원하기 위해서 인왕산에 올라가 밤새 눈을 다 맞도록 기도를 하였다고 합니다. 그러면서 지병이었던 폐병이 심해지자, 치유를 구하기보다는 그 고통 속에서 그리스도의 십자가의 고난을 생각했던 것 같습니다. 십자가의 고난을 생각하며 그리스도와 하나가 된다는 것은 그리스도와 똑같은 고통을 받고 자기 삶을 제물로 내려놓는 것이라고 생각했습니다. 이것은 일종의 신비주의로서 고난의 영성의 한 종류였습니다. 결국 이용도 목사는 1930년대(33살)에 폐결핵으로 돌아가셨습니다.

필자가 미국에서 신학 공부를 하며 작은 교회를 담임하며 섬기고 있을 때 『이용도 목사 서간집』[12]을 읽고 충격을 받았습니다. 이 책은 그가 전국을 다니며 부흥회를 할 때 은혜 받은 사람들이 보낸 편지를 받고 쓴 답장을 모아서 엮은 책입니다. 그를 존경하며 사랑했던 변종호 목사는 전국을 다니면서 90여 개의 편지를 찾아서 이 서간집을 발간하였습니다. 이 책을 읽으면서

이용도 목사 전집   "예수교회" 간행물 영인본

---

12) 이용도 저, 변종호 편, 『이용도목사서간집』, 인천숭의교회 출판

필자는 신약성경에 있는 바울이 쓴 편지와 같은 감동과 은혜를 받았습니다.

  필자는 그 후 신학교를 졸업하고 미국 감리교회에서 목사 안수를 받고 한국에 돌아와 교회를 개척할 때 이용도 목사를 통해 받은 은혜를 교회개척에 적용하였습니다. 주님이 저를 교회 개척으로 인도하시는 것을 확신하자, 제 목숨을 주님께 제물로 드리는 헌신을 결단하였는데, 그것은 40일 금식기도였습니다. 40일 동안 물만 먹고 인내함으로써 주님께 대한 나의 헌신과 사랑을 보여드리고 싶었습니다. 이것은 사실 이용도 목사에게서 받은 감동에서 한 헌신이었지만, 주님이 원하시는 제물은 우리의 헌신된 삶이지 질병으로 죽는 것이나 극단적인 금식으로 헌신의 결기를 주님께 보여주고 증명하는 것이 아닙니다.

  이용도 목사는 감리교단으로부터 이단으로 정죄 받고 일찍 세상을 떠남으로써 한때의 불꽃처럼 타오르고 말았습니다. 그 당시에는 방언을 말하거나 다른 성령의 은사들이 많이 나타나도 그에 대한 이해의 부족과 일본 천황을 숭배하는 신사참배 강요를 비롯한 가중되는 민족말살 정책과 기독교 박해로 인하여 큰 운동으로 발전하지는 못했습니다. 결국은 1945년 8월 15일 일제의 탄압에서 해방되고 1950년 남침으로 육이오 동란을 겪은 폐허 위에서 한국교회는 마침내 성장하기 시작하였습니다.

거룩하게 미쳐라 (聖狂) [13]

하나님을 찾으라!
세상은 나무나 돌의 우상을 지어 놓고
섬기지는 않는다고 할지라도
의연히 우상숭배에 정신이 팔려 있다.
돈, 명예, 술, 젊음, 부귀, 지식 등이 저희의 우상이라.
하나님을 찾으라!
아무래도 무엇에든지 미쳐 살아야 할 바에는
하나님께 미쳐 살으라!
내 마음의 자각의 힘이 심히 약함을 나는 압니다.
주여 당신의 형상을 보게 해 주소서.
그의 형상에 미치고 끌리게 해 주소서.
잊을래야 잊을 수 없고 안 볼래야 안 볼 수 없어
내 앞에 있어서 힘있게 나를 끌어
주에게 떠나지 않게 할 형상을 나는 바랍니다.

---

13) 변종호, "이용도 목사 연구 반세기"(『이용도목사전집8』, 초석출판사, 1986), pp. 183-186

나는 그 형상을 나의 주라 부르고
나의 생명이라 부르나이다.
형상을 보고 따를 때에 세인은 나를 이상하게 보겠지요.
그리고 의심하겠지요.
그러나 나는 실상 보는 것이 있고 거기에 끌려,
그러므로 나는 의심치 않겠습니다.
세인이야 욕을 하든지 바보라고 하든지
「시대에 뒤진 자」라고 하든지 탓하지 마시고
이제야 찾을 길을 향하여
미쳤다는 소리를 듣기까지 돌진하소서.
거기서 천국이 무엇인가를 알게 되리이다.
더 들어가고 더 들어가 아주 광인의 지경까지 들어가서
바울, 베드로, 스데반의 뒤를 따라 죽음, 박해도 달게 받고
모든 난관을 헤치고 새로운 주의 빛,
곧 그 봉화를 들고 일어서기를 바라나이다.
하여간 미치자! 크게 미치자!!
그 후에 부르짖게 되면 부르짖고
침묵하게 되면 돌같이 고요할 것이요!
어쨌든 진리에 미치는 것만이 우리의 급무였나니
무엇을 나타내려고 함은 이곳 허영이니라.

거룩하게 죽어라 (聖殉)

나는 앞에 죽음 밖에 없노라.
십자가 나는 오직 그 후에 오는 부활을 바라노라.
이 육에 속한 체(體)는 온전히 죽여버리고
영에 속한 체로 바꾸려 하노라.
이것도 성의를 기다릴 뿐이로라.
내 능으로 죽을 수도 없고,
더구나 순교라는 그런 영광을 감당치 못하노라.
오직 성의에 있을 뿐이로다.
오! 성령이시여! 나를 이끌어 골고다까지 – 아멘 –
나는 다만 주의 뜻만 품고 그냥 죽임을 당하려나이다.
주의 뜻을 품고 죽임을 당하여!
그 피는 곧 의로운 피지요.
아벨의 피같이 땅에서 불의를 향하여
영원히 호소하는 피가 되겠지요.
그러므로 가만히 주의 뜻만 품고 그냥 순종하려 하나이다.
나의 육신은 죽을 것이옵고 세상은 망할 것이로소이다.
영은 살아야 할 것이옵고
하늘은 흥하여야 할 것이로소이다.

주여 이 살 자를 어서 영원히 살게하여 주시고
흥할 것을 어서 흥케 하옵소서.
주께서 나의 육을 세상에 용납하시는 동안
이 육은 죽을 수고를 다 할 것이로소이다.
오! 주여 내가 참아 살려는 것은
진실로 십자가를 지는 것과 같은 고생이오나
그러나 늘 찬송하면서 주께 더 나가기 원합니다.
네가 과연 네 몸을 드리어 나의 몸이 당하는 바를 대신하며
네 생명을 드리어 죽을 나의 생명을 대신하고서 하느뇨.
오! 나의 사랑하는 자여. 네가 나를 참으로 사랑하느냐?
그러할진대 너는 이제 나를 대신하여
무고히 병석에 눕기를 원치 말고
오직 너의 피가 마르고 살이 마르기까지-
그리하여 마침내 병들기까지 생명이 땅위에 떨어질 때까지
진리를 외치고 핍박을 받으며 기도를 올리고 멸시를 받으라.
너는 너의 몸과 생명이 공연히 병과 죽음으로
나를 따르는 일이나 대신한다는 일을 기뻐하지 않노라.
오직 진리로 나를 따르고
십자가로 나를 대신하여 나서기를 바라노라.

그의 일기에서[14]

2월 28일(토) 재령 제 11일 - 평양(중앙교회에서)

목이 거진 쉬었던 것이 재령 제 11일인 오늘 아침
아가서 강해 시간에 이르러서는 무한히 신고하였다.
무척 애를 쓰나 목이 열리지 않아 저녁일이 걱정되었다.
석반 후에 고심하며 기도드리다가 저녁에는
「교만한 자를 하나님께서 버리시고
겸손한 자를 받으신다」는 말씀을 토대로
말하라는 지시에 접하였다.
예배당에 들어가기 전에 민망한 마음을 어쩔 수 없어
또 주앞에 엎드려 간절히 호소하였다.
목소리는 조금도 안 나올 모양인데
각처에서 군중은 구름같이 몰려드니
이 일을 어찌할꼬 심히 민망 오 주여 옳소이다.
나의 음성을 아주 잠그시고

---

[14] 위의 책, pp. 203-204.

당신께서 직접으로 역사하실 때로소이다.
시간이 지나갈수록 세월이 흘러갈수록
나의 앞에는 기사와 이적이 나타났나이다.
이번에는 또 어떠한 오묘하심을 나타내시려나이까
나는 호기심과 두려운 마음으로 기다리나이다.
오- 주여 주는 나의 오묘요 나의 신기이었나이다.
목은 꼭 잠겼으매 통역을 세워서 불을 토하게 되니
성신의 맹렬한 역사가 일어났다.
나는 말을 할 수 없노라
입 밖으로 나오지 않는 하나님의 말씀!
곧 나의 설교는 나의 중심에 가득히 서리어 있노라
중심에 있어 나를 괴롭게 하노라.
나는 말로 할 수 없어 오직 눈물을 흘리노라.
이 눈물은 오늘의 나의 설교로다.
나는 중심에 있는 말을 다 할 수 없어
전신의 힘을 모아 쥐여 손을 드노라.
들은 손이 곧 나의 설교로다.
나는 말할 수 없으매 엎드려 기도하노라.
이는 곧 나의 설교로다.
나의 등에서 흐르는 땀은

여러분을 위한 나의 진실한 설교로다.
보라! 말이 없는 예수를!
그러나 그 말없는 위대한 설교를 들으라.
겟세마네 동산에서 흘린 피땀과 더운 눈물은
모든 인간의 영에 호소하는 예수의 진실한 설교로다.
골고다에서 지고 있는 그 십자가는 예수의 설교니
곧 모든 인간에게 외치는 하나님의 설교로다.
가시관을 쓰고 흘리는 이마의 피와 땀은
예수의 진실한 설교가 아닌가.
아! 이 설교를 들으라.
나의 말은 사람의 귀에 호소하는 설교로다.
많은 예수의 십자가는 인간의 영에 외치는 설교로다.

이 설교를 듣고도 감격이 없는 자여
어찌 나의 설교에 감동이 있으랴!
쉬지 않는 예수의 설교 진실한 예수의 설교!
진실한 예수의 설교.
이는 만대를 통하여 만민에게 호소하며 외칠
영원한 설교로다.
이 설교를 듣는 자는 복될 것이요,
듣지 않는 자 영원히 저주를 받으리로다.
절대의 권위를 가진 절대의 진리를 설교하는 갈보리.
산상의 예수를 보라!
이는 무슨 설교인고!
오 주여 나에게 이 설교의 진의를 알게 하소서.

산정현교회의 집회 5일간[15]

산정현의 5일간 더욱 더욱 열변이 있고 더욱 더욱 신적(神的)인 활동이었다. 그 넓은 예배당이 빽빽 들어차고 마당까지 가득 가득 들어찬 것을 보아도 알 것이다.

산정현교회 집회 중 가장 힘있게 외치고 가장 많은 사람에게 가장 큰 충격과 감동을 준 때는 마지막날 저녁일 것이다.

예수께서 일생동안 조소, 멸시, 구박을 받으며 살던 정경의 묘사를 두 시간 동안이나 하시고서 마지막 십자가에 달리시는 광경을 눈물로 설명하시더니 운명하실 때에 마지막 장면에 이르러 그 바짝 마른 몸, 그 반쯤 쉬어 힘드는 목소리, 땀에 번쩍이는 얼굴을 하늘로 향하더니 두 손을 하늘로 향하여 휘두르며 울음섞인 떨리는 목소리로 "엘리 엘리 라마 사박다니"하는 것이었다.

사람의 심장을 꿰뚫고, 사람의 뼈속에 깊이 박히고, 사람의 두뇌에 깊이 뿌리박고 잠겨진 이 천성(天聲) 천경(天景)에 모인 무리 수천 명은 너무 기가 막히고 너무 끔찍하여 참아 볼 수 없

---

15) 위의 책, p. 214.

이 머리를 숙이거나 얼굴을 뒤로 돌리고 흐득 흐득 느껴 우는 것이었다. 이 때의 이 충격과 음성이 길이 길이 산정현교회원 일동의 신앙지침이 되고 생활 원리가 된 것이라고 우리는 믿는다.

이때에 이렇게 산정현교회에 뿌린 용도목사의 피땀의 씨가 옥토에 떨어져 잘 자라난 것을 알 수 있으니 그 후로 산정현교회는 평양에서 가장 은혜스럽고 건실하고 굳센 교회가 되었기 때문이다. 이때 - 부흥회 당시에 담임목사는 강규찬 목사님이시었다. 그리고 그 다음에 송찬근 목사가 시무하였고 그 다음에 오신 이가 전 세계에 알려진 순교성인 주기철 목사님이시었다.

주목사님의 순교는 물론 일사각오의 주목사님의 강철같은 신앙으로 이루어진 일이지마는 그 뒤에는 부인 오정모씨의 결사적인 신앙의 후견이 있었고, 그 뒤에는 산정현교회 직원들의 반석같은 믿음이 있었고, 그리고 그 뒤에는 든든하고 건실한 성도 전체의 필승 불패의 결사적인 뒷받침이 있었음이 크게 역사한 것이라고 우리는 믿는다.

산정현교회의 백인숙 전도사가 눈물을 흘리며 평양거리를 헤매이고 다니는 것을 볼 때마다 - 나는 항상 산정현교회의 강단에서 외치는 용도목사님의 모습을 연상하였고, 주목사님의 순교의 승리 소식을 들은 후로는 산정현교회에서 그 땀을 흘리며 몸부림 치시던 용도목사의 모습과 다년간의 악형과 옥고에

뼈만 남으신 몸이 평양감옥의 천정을 바라보며 고요히 영광스럽게 눈을 감으신 주목사님을 연상하나니 주기철 목사님과 이용도 목사님은 어느 점에서 인가 단단히 연결된 굵은 선이 있음을 믿기 때문이다.

평양 장대현교회 부흥회

"이용도목사 서간집"에 수록된 한 편지[16]

이태순씨에게

친애하는 모매님들에게

언제는 펜이 없어 못 쓴 것은 아니었지만 오늘 동식씨가 오셔서 내일 가신다고 하시기에 불연 듯이 붓을 들어 주의 이름으로 문안하는 글을 씁니다. 그동안 세상고초로 말미암아 몸과 마음이 괴로우실 때 많으셨을 줄 압니다. 저는 삼방가서 특

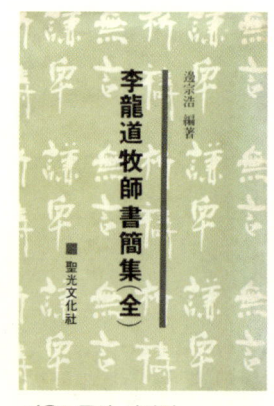

이용도목사 서간집

별히 기도로서 날을 보낼까 하였으나 삼방교회에서 부흥회를 인도해 달라고 해서 불가불 시작하였다가 한 네달하고 중지했습니다. 그리고 각각 자유로 혹은 산에 혹은 예배당에 가서 기도하곤 하였습니다. 어떤 분은 한 이틀 혹은 사흘 혹은 일주일씩 금식하며 산기도 하는 이들이 있어 은혜 많이 받은 모양입니다.

북간도 원산 평양 또 그 외 다른 곳에서도 온 이가 있어 평소에

---

16) 변종호, 『이용도목사 서간집』

사모하던 형제 자매들이 다 많이 있었습니다. 아주머니와 치숙 자매 또 그 외 기도하는 나의 동무들을 늘 생각했습니다. 특별히 아주머니를 늘 생각했습니다. 주님께서 아주머니와 종규를 특별히 긍휼히 여겨 주시기를 바랐습니다. 세상은 악하고 궤휼하여 성도들을 거꾸려 뜨리려 애쓰나 주께서 지키시매 아무 염려 없습니다.

주를 따라 살려면 먼저 그와 같이 죽어야 될지니 곧 육신의 생각과 정욕과 사욕과 물욕까지 죽어야 할 것이니라. 예전 생각, 예전 혈기, 예전 생활, 예전 풍속, 예전 습관, 예전 인정, 예전 말씨, 예전 행동 – 다 죽어야 할지니라.

그리고 세상과 육신을 대하여는 죽은 자 같이, 바보와 같이, 멍텅구리 같이 되고 주님과 진리를 향하여만 나의 영이 새로이 살아서 새생각, 새정신, 새관념, 새풍속, 새습관, 새인정, 새말씨, 새행동이 나타날 것입니다.

곧 주님을 향하여 영으로만 산자가 되어 하늘을 바라보고 진리로만 살지니 남이야 욕을 하든지 흉을 보든지 가난함이 오든지 병듬이 오든지 교회가 나를 버리든지 목사가 나를 이해해 주지 못하든지 땅 위에서 어떠한 일이 있든지 다만 주만 보고 나갈 지니라.

일찍이 세상에서 영광을 얻은 자는 하늘에서 수치와 곤고를 당할 것이요 세상에서 수치와 곤고를 당한 자는 하늘에서 영광과 평안을 누리는 것은 하나님의 뜻인지라 누가 이 뜻에서 벗어나리요 너는 하늘에서 영광과 평안을 얻겠는가? 네가 육신으로 잘 살고 평안을 누리며 물질의 영광을 받으면 너는 영으로 하늘에서 그와 반대되는 고초를 겪을 것이니 너는 차라리 이 세상에서 곤고와 수치를 즐겨 환영하라 이것이 너의 택할 바니라.

부자와 나사로의 비유를 보아 깨닫는바 있는 자는 복된자로다. 네가 언제 까지던지 땅위에서 잘 살려고 할진대 너는 벌써 하늘의 복락을 잃고 있는 자니라.

오– 주여 나는 이 세상에서 나의 육이 너무 평안하고 나의 생활이 아직 수치와 욕을 당하지 아니 하였사오매 나의 영이 장차 받을 바를 생각하면 두려움이 가득 하오이다.

오– 주여 어서 나에게서 이 모든 육의 평안과 생활의 평범을 거두워 주시옵소서. 그리고 주께서 살으신바 육신의 생활과 같은 곤고의 생활 그 몸소 받은 고생 다 – 당해 볼 수 있게 해주옵소서 그리하여 하늘의 영광과 기쁨을 얻게하여 주옵소서.

이 세상의 부귀 영화도 풀의 꽃이요 육체의 생명도 아침 안개로소이다. 어찌 오래 바랄 수 있으리요.

오– 주여 저희들을 이끌어 육에서 곤하고 영에서 길이 편하게 하여 주옵소서. 육에서 슬프고 영에서 기쁘게 하옵소서 육에서 수치를 당하고 영에서 영광을 얻게 하옵소서.

나는 세상을 위하여 있지 않사옵고 다만 하늘만 위하여 있사옵고 육을 바라고 있지 않사옵고 다만 영만 위하여 있사옵니다. 하늘의 것 영의 것을 위하여는 곤고나 빈핍이나 수치나 죽임이나 무엇이던지 달게 받게 해 주옵소서.

나의 육신은 죽을 것이옵고 세상은 망할 것이로소이다. 주여 이 죽을 것을 어서 죽여주시고 망할 것을 어서 망케 해 주옵소서 영은 살아야 할 것이옵고 하늘은 흥하여야 할 것이로소다. 주여 이 살자를 어서 영원히 살게 하여 주시고 흥할 것을 어서 영원히 흥하게 하여 주옵소서.

주께서 나의 육을 세상에 용납 하시는 동안 이 육은 죽을 수고를 다 할 것이로소이다.

오- 주여 내가 참아 살라는 것은 진실로 십자가를 지는 것과 같은 고생이오나 그러나 늘 찬송 하면서 주께 더 나가게 해 주옵소서. 아멘-

찬송가 197, 149
고린도후서를 많이 읽으소서, 먼저 고린도후서 6:1-10, 7:2-4

1931년 9월 23일
이용도 배상

고 이용도목사 복권

30년대 한국교회 대표적 부흥사
부흥·성령운동 이단시비 휘말려
감리교, 소천 66년만에 '면죄부'

제35차 2015년

1930년대 한국교회의 대표적인 부흥사로 부흥·성령운동을 벌이다 이단시비에 휘말려 목사직에서 파면됐던 고 이용도 목사(사진)가 복권됐다. 기독교대한감리회 서울연회는 지난 9일 서울 정동제일감리교회에서 열린 제19차 연회에서 이용도 목사를 복권조치했다. 1999년

서울연회는 "이용도 목사의 성령운동이 과거 신비주의를 지나치게 강조한 측면이 있으나 오늘날 그와 같은 맥락의 오순절성령운동이 보편화되고 있는 상황에서 이목사의 성령운동을 이단시하는 것은 바람직하지 않다"고 말했다.

1998년
이목사의 복권과 명예회복조치는 지난해 인천에서 열린 23차 총회에서 복권키로 결의한 내용을 해당 연회인 서울연회가 과정자격심사를 거쳐 처리한 것으로 이목사 사후 66년만에 이루어졌다.

이목사는 1901년 황해도 금천에서 출생, 시변리보통학교와 송도고보를 나왔으며 1928년 서울 협성신학교(감신대 전신)를 졸업했다. 그 해 강원도 통천교회에 부임, 20여차례 부흥회를 인도했으며 1930년 덕적도 평양교회 부흥회를 시작으로 전국적인 부흥운동을 시작했다.

이목사는 전국을 순회하면서 교회 갱신과 영적 각성을 외치고 체험적 신앙과 성령의 신비주의를 강조했다. 그러면서 기성교회를 맹렬히 비판하다 장로교단에 의해 이단시비에 휘말렸고 1933년 3월7일 기독교조선감리회 중부연회에서 1년 휴직을 명받고 교단을 떠났다. 그는 그 해 10월12일 원산 광석산기도원에서 폐결핵으로 소천했다.

이목사의 복권은 감리교뿐 아니라 전체 한국교회에 의미 있는 일로 받아들여지고 있다. 그의 체험적이고 신비주의적인 성령운동에 대한 비판이 일부 남아있음에도 불구하고 복권된 것은 그의 신학에 대한 무죄선고를 의미한다. 또 그동안 진행됐던 그의 신앙운동에 대한 논의가 일단락된 것은 물론 오순절 성령운동의 은사적인 특징이 현실적으로 이단이 될 수 없음을 분명히 하는 것으로 볼 수 있다. 이번 복권조치로 인해 이목사의 신앙에 대한 새로운 조명작업이 이뤄질 것으로 예상된다.

이승한

고 이용도 목사 복권

30년대 한국교회 대표적 부흥사
부흥·성령운동 이단시비 휘말려
감리교, 소천 66년 만에 '면죄부'

　1930년대 한국교회의 대표적인 부흥사로 부흥·성령운동을 벌이다 이단시비에 휘말려 목사직에서 파면됐던 고 이용도 목사가 복권됐다. 기독교대한감리회 서울연회는 (1999년) 지난 9일 서울 정동제일감리교회에서 열린 제19차 연회에서 이용도 목사를 복권조치했다.

　서울연회는 "이용도 목사의 성령운동이 과거 신비주의를 지나치게 강조한 측면이 있으나 오늘날 그와 같은 맥락의 오순절 성령운동이 보편화되고 있는 상황에서 이목사의 성령운동을 이단시하는 것은 바람직하지 않다"고 말했다.

　이목사의 복권과 명예회복조치는 지난해(1998년) 인천에서 열린 23차 총회에서 복권키로 결의한 내용을 해당 연회인 서울연회가 과정자격심사를 거쳐 처리한 것으로 이목사 사후 66년 만에 이루어졌다.

이목사는 1901년 황해도 금천에서 출생, 시변리보통학교와 송도고보를 나왔으며 1928년 서울 협성신학교(감신대 전신)를 졸업했다. 그 해 강원도 통천교회에 부임, 20여 차례 부흥회를 인도했으며 1930년 덕적도 평양교회 부흥회를 시작으로 전국적인 부흥운동을 시작했다.

이목사는 전국을 순회하면서 교회 갱신과 영적 각성을 외치고 체험적 신앙과 성령의 신비주의를 강조했다. 그러면서 기성교회를 맹렬히 비판하다 장로교단에 의해 이단시비에 휘말렸고 1933년 3월 7일 기독교 조선감리회 중부연회에서 1년 휴직을 명받고 교단을 떠났다. 그는 그해 10월 12일 원산 광석산기도원에서 폐결핵으로 소천했다.

이목사의 복권은 감리교뿐 아니라 전체 한국교회에 의미 있는 일로 받아들여지고 있다. 그의 체험적이고 신비주의적인 성령운동에 대한 비판이 일부 남아있음에도 불구하고 복권된 것은 그의 신학에 대한 무죄선고를 의미한다. 또 그 동안 진행됐던 그의 신앙운동에 대한 논의가 일단락된 것은 물론 오순절 성령운동의 은사적인 특징이 현실적으로 이단이 될 수 없음을 분명히 하는 것으로 볼 수 있다. 이번 복권조치로 인해 이목사의 신앙에 대한 새로운 조명작업이 이뤄질 것으로 예상된다.(이승한)

조용기 목사와 한국의 오순절 운동

"매주 토요일에 서울역과 파고다 공원으로 노방 전도를 나가려고 합니다. 여러분 의견은 어떻습니까?" 모두들 대찬성이었다. 그리하여 노방 전도가 시작되었다. 노방 전도를 나가던 첫날, 여덟 명의 학생들이 모였다. 전도대장은 물론 학생회장이고 나는 전도부장이었으므로 자연히 부대장이 된 셈이었다. 학생회장은 그 동안 영어 가정교사를 하여 모은 돈으로 전도대회를 위하여 커다란 북을 하나 사 왔다. 첫날 노방 전도는 아주 성공적으로

엑스플로어 74 (Explore74)
1974.8.13 - 18까지 5.16광장(현 여의도)에서 개최된 대규모 부흥성회

끝났다. 그리고 회를 거듭할수록 이 전도활동은 학생들 사이에 큰 기쁨과 용기가 되었다. 어쩌다가 심사 사나운 전차 운전사를 만나 북을 실을 수가 없게 되면 아예 서대문에서부터 둥둥 북을 치며 파고다까지 걸어갔다.

위 글은 조용기와 함께 교회를 개척한 동역자인 최자실 목사의 간증집[17]에 실린 "순복음중앙교회" 개척 초기의 이야기 중에 하나입니다. 기독교 역사상 최대의 단일 교회가 어떻게 시작되고 부흥하였는지 자세한 내용이 기록되어 있습니다. 한국의 오순절 운동은 사실상 1950년대 후반 조용기 목사가 세운 지금 여의도에 있는 순복음중앙교회[18]의 부흥으로 절정에 도달했었다고 볼 수 있습니다. 전후의 한국교회는 경제발전과 함께 부흥하며 성장하여 선교 역사상 비슷한 유래를 찾아볼 수 없이 수적으로 증가하였으며, 약 30~40여 년간 지속되었습니다.

특히 1979~80년대는 한국교회가 최고로 성장하고 있는 시기

---

17) 최자실,『나는 할렐루야 아줌마였다』(서울:서울말씀사, 2010), p. 88.
18) 1958년 3월 15일 조용기 전도사가 최자실 전도사 집에서 가정 예배를 드림으로써 시작되어 세계 최대의 단일 교회를 세우게 되었다.

였는데 이때 빌리 그래함 목사를 초청한 엑스플로어 74Explore 74 집회는 여의도에서 인류 역사상 처음으로 100만 성도가 한 장소에 모이는 기록을 세웠습니다. 그 후 여의도순복음교회는 유명한 구역조직과 구역장 제도를 통하여 등록성도 78만 명이라는 인류 역사상 가장 큰 교회가 되었습니다. 그러므로 사실 한국교회의 오순절 운동 이야기는 조용기 목사와 순복음 교회 이야기를 중심으로 살펴보는 것이 당연합니다.

빌 브라잇, 빌리 그레이엄, 김준곤

오중복음

오중복음은 조용기 목사는 스스로 본인이 만든 것이 아니고 성결교에서 가지고 온 것이라고 했습니다. 성결교는 우리나라에서 자생한 성결 운동이며 성령의 역사가 함께 했던 교파입니다. 성결교는 중생, 성결, 신유, 재림의 사중복음인데, 여기에 축복의 복음 한 가지를 더 추가하여 오중복음이라고 한 것입니다. 오중복음은 구원의 복음, 성령 충만의 복음, 신유의 복음, 축복의 복음, 재림의 복음, 이렇게 다섯 가지 복음을 말합니다. 축복의 복음은 삼중축복이라고 하여, 요한삼서 1:2 "사랑하는 자여 네 영혼이 잘됨같이 네가 범사에 잘되고 강건하기를 내가 간구하노라"라는 말씀을 근거로 영적 축복, 건강의 축복, 형통의 축복, 즉 영과 혼과 몸이 잘되는 것이 하나님의 뜻이고 우리가 받고 누리기를 원하는 복이라고 주장했습니다. "5중 복음과 3중 축복"

  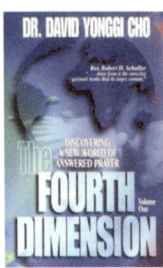 

으로 요약된 소망을 주는 메시지는 전후의 폐허가 된 한국 땅에 강력한 복음이 되었던 조용기 목사의 초창기 핵심 메시지입니다.

사차원의 영성

미국을 중심으로 세계의 그리스도인들이 한국 기독교에 대해서 관심을 가지게 된 계기는 바로 조용기 목사와 오순절 운동을 통한 순복음중앙교회의 부흥 때문이었다고 해도 과언이 아닐 것입니다. 물론 전쟁 후 1980년대까지 다른 한국의 많은 교회들도 폐허에서 "한강의 기적"이라 불리는 산업화를 통한 경제발전과 함께 크게 성장하였습니다. 한때는 등록성도가 10만 명이 넘는 세계의 십대 초대형 교회 중에 반 이상을 한국의 교회들이 차지한 적이 있을 정도였습니다.

1979년에는 조용기 목사가 쓴 『4차원의 영적 세계』[19]라는 영어로 된 책이 미국에서 출판되었습니다. 세계 최대 단일 교

---

[19] Dr. Paul Yonggi Cho with R. Whitney Manzano, PhD., *The Fourth Dimension*, Bridge Publishing, Inc.(조용기, 4차원의 영적 세계, 서울:서울말씀사, 1996)

회가 탄생한 역사와 부흥에 대한 원리와 믿음과 소망을 주는 단순한 메시지는 너무나도 신선한 충격으로 다가왔기 때문에 '닥터 조', '데이비드 용기 조'는 미국에서 유명해지기 시작했습니다. 1982년부터 1988년까지 제가 미국에서 유학하는 동안 참석한 대부분의 미국교회에서 동양인인 우리 부부에게 관심을 가지고 먼저 인사를 하는 사람들과의 대화는 십중팔구 이렇게 시작되었습니다.

"당신은 중국인입니까?" 혹은 "당신은 일본인입니까?"라고 물으면 당연히 한국인이라고 대답합니다. 그러면 또 "남한에서 왔나요? 북한에서 왔나요?"라고 묻는 사람도 많았습니다. 우리나라에 대해 조금이라도 아는 사람은 대부분 "한국전쟁"을 통해 전쟁을 겪은 나라라는 것이 전부였습니다. 우리가 예배에 참석했던 미국교회들이 오순절, 은사주의 교회이기 때문에 십중팔구는 "닥터 조의 교회에서 왔느냐?", "닥터 조를 아느냐?"고 하면서 인사가 끝나면 그들은 부러운 듯이 우리를 쳐다보곤 했습니다. 이 책은 미국에서 수십만 부가 팔렸으며, 이 책을 통해 조용기 목사뿐만 아니라 한국교회의 부흥이 세계에 알려지기 시작했습니다. 그 후에 이 책은 1996년도에 한국어로 번역되어 우리나라에도 알려졌습니다. 그러나 정작 한국에서 그가 섬기는 교회는 이단 시비로 시달리며 시기와 핍박을 받으며 성장하였습니다.

영적 세계는 4차원의 세계이기 때문에 우리가 살고 있는 환경인 3차원의 변화를 위해서는 4차원의 세계인 영적 세계에서 먼저 변화가 일어나야 한다는 것을 강조합니다.

1부는 '채우시는 하나님을 바라보라' 입니다. 이것은 그의 초창기 메시지의 중심으로 믿음의 법칙, 말씀의 창조력, 선포된 말씀, 바라봄의 법칙입니다.

2부는 '큰 비전을 품고 네 입을 크게 열라' 입니다. 안드레와 같은 사고방식으로 옳은 생각을 가지라는 말입니다. 또한 믿음의 씨앗, 씨앗 믿음을 말합니다. 그는 스스로 오랄 로버츠 목사의 "믿음의 씨앗을 심어라" 같은 테이프를 들으며 은혜를 받았다고 간증하였습니다. 이 책은 1979년 순복음교회 성도가 약 5만 명이었을 때 출판되어서 세계 최대의 교회를 세운 목사와 교회에 대한 미국은 물론 세계의 그리스도인들의 관심을 끌며 한국교회의 부흥을 세계에 알리게 되었습니다.

그 후 수많은 설교집과 다른 책들이 출판되었지만 그의 메시지는 2004년 "4차원의 영성"[20]이란 책으로 출판되어 그의

---

20) 조용기, 『3차원의 영성을 지배하는 4차원의 영성』(교회성장연구소, 2004).

신학과 메시지를 총 정리한 결정판이 되었습니다. 4차원의 영성 네 가지를 간단하게 요약해 보겠습니다.

첫 번째는 '생각'입니다.

하나님의 방식대로 생각하라. 어떤 사람의 생각을 알아보려면 그 사람의 말을 들어보듯이 하나님의 생각은 그분의 영감을 받아 기록된 성경을 통해 알 수 있습니다. 우리에게 주신 기록된 하나님의 말씀은 하나님의 생각이 무엇인지 잘 알 수 있는 결정적인 근거입니다. 하나님의 생각을 알아야만 하나님의 뜻대로 살 수 있습니다. 또 성령님은 하나님께 듣고 본 것만 말씀하시기 때문에 우리도 성령님의 음성을 듣는 훈련을 통해 하나님의 생각을 알 수 있습니다.

이어서 생각을 긍정적인 프로그램으로 바꾸라고 합니다. 부정적인 세상에서 긍정적인 생각만을 하며 사는 것은 매우 어렵습니다. 성경 말씀이 진리라는 것을 믿지 않는다면 소망을 가지고 부정적인 상황을 향해 긍정적인 고백을 할 수 없습니다. 세상에서 절망적인 상황을 만날 때 어떻게 긍정적인 고백을 할 수 있습니까? 살아계신 하나님과 그분이 내게 하신 약속의 말씀을 믿는 사람은 그 말씀대로 고백할 수 있습니다. 그리스도인들은 긍정적으로 생각하려고 노력하는 것이 아니라 살아계신 아버지 하나님이 나의 편이시고, 그분이 약속하신 말씀을 알고 믿기 때문에 말씀대로 생각하고 말합니다. 부정적인 생각을 떨쳐버리도록, 항상 5중 복음과 3중 축복을 생각하라는 것입니다.

두 번째는 '믿음'입니다.

자연계의 법칙이 있듯이 영적인 세계에는 믿음의 법이 있습니다. 영적인 원리는 시간과 공간의 제한을 받지 않기 때문에 다른 사람이 십 년 동안 깨닫지 못하여 성장하지 못하고 있던 것도 나는 한순간에 배울 수 있습니다. 그러나 내가 안 되는데 남을 되게 할 수는 없습니다. 쉽게 말해서 수학의 세계와 똑같습니다. 더하기 빼기 안 배우고 곱하기 할 수 없고, 나누기 할 수 없듯이 믿음으로 안 되는 부분이 있는데 그 단계를 뛰어넘어 다른 단계를 갈 수 없습니다. 우리가 영적 세계를 정확하게 배워 나갈 때 계시가 점진적으로 향상되고, 말씀대로 된다는 것을 확신하고 살아가는 길에는 지름길이 없습니다. 3차원 세계에서 과학의 세계는 정확하다고 하지만, 그 이론들이 언제 번복될지 아무도 모릅니다. 그러나 4차원의 영적 세계와 진리는 계시 받는 순간 영원한 것입니다. 그리고 그것이 나의 것이 되면 영원히 나의 것입니다.

세 번째는 '꿈'입니다.

하나님의 크고 비밀한 일을 소망하라는 것입니다. 당신이 꿈꾸는 것을 구체적으로 그리라고 합니다. 그리고 그 꿈을 성취해가는 과정에서 꿈만 크게 꾸지 말고 작은 일부터 시작하면서 성공해야 합니다. 그리고 항상 '희망의 꿈'을 간직하고 확산시키는 것입니다.

네 번째는 '말'입니다.

희망의 말씀을 입술 밖으로 선포하며, 말로 믿음을 풀어놓아야 합니다. 창조적이고 성공적인 말만 하고, 항상 천국 언어로 통역해서 말하는 훈련을 해야 합니다. 성공적인 말을 할 때 드디어 4차원의 세계에서 이루어지고, 그렇게 되면 4차원의 세계가 실재이기 때문에 그 말씀이 3차원의 세계를 변화시키게 되는 것입니다.

제5장
은사주의 운동

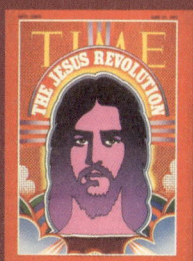

시사주간지 TIME의 표지
캘리포니아 해변의 침례장면

태평양 어디엔가는 파도가 일고 있는데도, 부산 앞바다만 보고 태평양 역시 잔잔하다고 생각하면 어리석은 것입니다. 지금도 하나님의 성령은 세계 교회 어디선가에서 여전히 크고 새로운 일들을 행하시고 있습니다. 성령께서 어떻게 역사하고 있고 세계 교회가 어떻게 역사하고 있는지 현장에 직접 가보지 않더라도 인터넷을 통해서 여러 곳의 부흥의 소식들을 접할 수 있습니다.

그리스도인 가정에서 자라거나 거듭난 후에도 한 교회를 오랫동안 섬기며 성인이 되면 자기 교회에서 배운 가르침과 전통의 장단점을 다 가지기 쉽습니다. 자녀가 부모의 장단점을 다 보고 자라는 것과 마찬가지입니다. 그러나 곧 우리는 부모나 교회나 완전한 모델은 없으며 우리의 모델은 예수 그리스도와 신약성경이 말하는 교회뿐임을 알게 됩니다. 그러므로 배우고 익숙한 말씀과 전통만 옳다고 여기며 자신이 알고 있는 것과 조금이라도 다르면 위험하게 생각하지 않고, 열린 마음을 가지고서 다른 시각이나 해석, 전통을 통해서도 배울 것이 있는지를 본다면 서로 이해할 수 있습니다.

종교개혁에 성공하기 전까지 온갖 비진리가 가득했었음에도 로마 가톨릭 교회는 자신의 해석과 전통에 반대하는 것에는 귀를 기울이지 않고 가혹한 박해를 하였습니다. 그러나 개신교는 종교가 되어버린 천 년 묵은 기존 교회를 개혁했습니다. 이제 우리는 신교가 가톨릭 교회의 잘못을 개혁한 정통 그리스도교라고 믿습니다. 지난 100여 년간은 오순절 운동으로 시작하여 신유 운동이 일어나고 오순절 신앙이 교파를 초월하여 영향을 미치는 은사주의 운동으로 발전하였습니다.

우리는 오직 자신의 지식과 경험으로만 쉽게 정죄하거나 현혹되지 않고, 무엇에든지 선한 것과 유익한 것을 보고 취할 수 있는 통찰력과 관용을 가져야 합니다. 그러면 우리가 살고 있는 이 시대에 하나님이 행하시는 일을 보고 더 많은 것을 배우며 하나님이 사용하시는 더 잘 준비된 그릇이 될 것입니다.

늦은 비 운동과 신유부흥 운동

늦은 비 운동은 오순절 운동으로부터 48년이 지난 후 1948년 캐나다에서 반세기 만에 예언사역이 시작되었습니다. 1948년 캐나다의 서스캐처원Saskatchewan 주의 노스 배틀필드North Battlefield의 한 학교에서 70명의 성경학교 학생들이 말씀 공부를 위해 금식 기도를 하고 있었는데, 학생들의 삶과 장래의 소명과 사역을 예언해 주었습니다. 이를 확인함으로써 늦은 비 운동이 탄생했습니다.

1950년대에 늦은 비 운동과 동시에 1947~1960년까지 약 13년간 북미에서 신유부흥운동이 일어나게 되었습니다. 그 때 신유운동이 대단했다고 합니다. 저는 1982년도에 미국에 갔기 때문에 그 후기 열매를 맛봤습니다. 케네스 해긴Kenneth E. Hagin 목사는 당시 라디오 사역을 하고, T.L. 오스본Osborn 목사는 아프리카에 가서 복음을 전했습니다. 이 분은 신유전도집회만 하는 것이 아니라 책을 수만 권씩 무료로 나누어 주었습니다. 나이지리아를 비롯한 많은 아프리카의 대형교회를 세운 유명한 목사들이 대부분 티엘 오스본 목사님의 책을 통해 은혜를 받은 제자들입니다.

은사주의 운동

윌리엄 브랜함William Branham은 탁월한 지식의 말씀이 나타나서, 환자를 보면 그 환자의 질병과 환자의 담당 의사가 한 말까지 정확하게 맞추었다고 합니다. 그는 이 은사로 말미암아 치유집회를 통해 수많은 사람들을 치유하였습니다.

고든 린지Gordon Lindsay는 브랜함을 도와 치유사역을 널리 확산시키려고 "치유의 목소리Voice of Healing"라는 라디오 방송 사역을 시작하였으며, 그가 소천한 후에는 부인인 프레다 린지가 달라스에 2년제 성경 훈련소인 "열방을 위한 그리스도Christ For the Nations Institute; CFNI"라는 신학교를 세웠습니다.

타미 힉스Tommy Hicks는 아르헨티나에 가서 부흥을 일으킨 사람입니다. 하나님이 아르헨티나에 가라고 해서 아브라함같이 순종해서 갔더니 대통령을 만나게 해 주셨습니다. 대통령에게 허가받고 큰 스타디움을 빌려 집회를 하게 됐는데 그때부터 10여 년 동안 아르헨티나에서 큰 부흥을 일으켰으며, 그 부흥의 여파로 카를로스 아나콘디아Carlos Anacondia라는 유명한 사역자가 나오게 되었습니다. 그는 사업가였는데 성경을 공부하고 말씀을 전하기 시작하면서 사람들이 예수님을 믿기 시작하였습니다. 그는 매주 며칠 저녁에 집회를 가졌는데 수많은 사람들이 거듭났으며 사역이 바빠지자 그는 사업을 그만두고 복음전도자로 헌신하였습니다.

캐서린 쿨만Kathryn Kuhlman, 1907-1976은 주님에 대한 열정적인 사랑과 병든 사람들을 긍휼히 여기는 마음을 가진 어머니 같은 심정으로 단순한 메시지를 전했습니다. 그는 늘 성령님의 임재를 갈망했으며, 존중하고, 성령님이 일하시도록 무대를 마련해드리는 자세로 복음을 전하였습니다. 언제나 성령님의 인격과 성품, 자신의 성령님께 대한 절대적인 순종의 태도가 치유의 비밀이라고 말했습니다. 그러나 미혼이었던 그녀는 이미 결혼한

한 목사를 좋아하게 되었습니다. 결국 그 목사는 이혼하고 캐서린 쿨만과 결혼했지만, 그 결혼은 얼마 못 가서 실패했습니다. 캐서린 쿨만은 나중에 심장병으로 세상을 떠날 때는 재정적으로도 좋지 않은 보고를 남겼습니다.

윌리엄 브랜함은 사역의 절정에서 본인이 두 번째 온 엘리야라고 주장하며 거짓 교리에 빠져 일찍 몰락하였습니다. 이와 같이 성령의 역사는 대단했지만, 인격적으로 결정적인 흠이 있는 사역자들을 많이 보게 되면 사람들은 성령의 역사를 보고 의심을 하거나 잘못된 길로 들어설까봐 멀리하게 됩니다. 그러나 하나님의 선하신 일은 악에게 제한 받지 않으시므로 하나님은 이런 사람들도 한때 자신의 목적을 위해 사용하십니다.

오랄 로버츠 목사는 2009년에 돌아가셨으며, 그 아들이 오랄 로버츠 대학 학장을 하다가 사직하였습니다. 이제 오랄 로버츠 대학은 그의 가족들과는 아무런 상관이 없는 대학이 되었습니다. 하나님께 귀하게 쓰임 받던 사람들이 좋은 결말을 보여주지 못하는 것은 그가 증거한 하나님 앞에 서는 날 자신을 위해서나, 그를 존경하고 은혜를 받았던 다음 세대가 보는 앞에서, 존중받는 삶이 얼마나 중요한지를 우리에게 깨닫게 해 줍니다. 하나님이 주신 은사로 큰 사역은 하였지만 본인이 자신의 몸과 재물과 직분을 잘 사용하지 못하여 존중받지 못하고, 정직하고 성실한 삶이 따라가지 못한다면 본인과 교회에 부끄러운 일입니다. 이 주제에 대해서는 빌 해몬이 쓴 "어떻게 이런 일이 있을까?How Can These Things Be?"를 참고하면 도움이 될 것입니다.

> 여러분의 지도자들을 기억하십시오. 그들은 여러분에게 하나님의 말씀을 일러주었습니다. 그들이 어떻게 살고 죽었는지를 살펴보고, 그 믿음을 본받으십시오.   히 13:7, 새번역

은사주의 운동을 위한 준비

그리스어로 카리스마charisma는 은사를 말하며, 은사주의 운동은 고린도전서 12장에 언급된 아홉 가지 성령의 은사를 인정하고 주장하는 운동입니다. 미국에서 이 운동은 한 실업인들의 호텔 조찬 모임인 국제 순복음 실업인회Full Gospel Business Men's Fellowship International를 통해 성도들의 운동으로 확산되었습니다. 데모스 샤카리안Demos Shakarian은 동유럽 유고슬라비아 출신의 미국사람으로 캘리포니아의 성공한 낙농업자였습니다. 그는 1951년 LA의 한 호텔에서 사업가들을 모아 오랄 로버츠를 초빙하여 조찬기도회를 하면서 이 모임을 시작하였습니다.

필자가 1987년에 살고 있었던 오클라호마 이니드라는 인구 오만의 작은 도시에서 모이는 조찬 모임에 참석해 본 적이 있습니다. 이 모임은 각 분야의 영향력 있는 사업가들이 은혜를 받고 방언을 말하게 된 것을 간증하는 것이 중심이었습니다. 치유를 비롯한 다양한 간증을 나누면서 지역마다 영향력이 큰 사업가들을 중심으로 모임을 가졌었습니다. 이 운동은 오순절 운동이 미국의 백인 주류 사회에까지 확산되는 데 중요한 역할을 했습니다. 한국에는 CBMC(기독실업인회)가 조직도 크고 활성화되어 있지만 오순절이나 은사주의 운동과는 관계 없는 그리스도인 사업가들의 연합 운동의 성격을 띠고 있습니다.

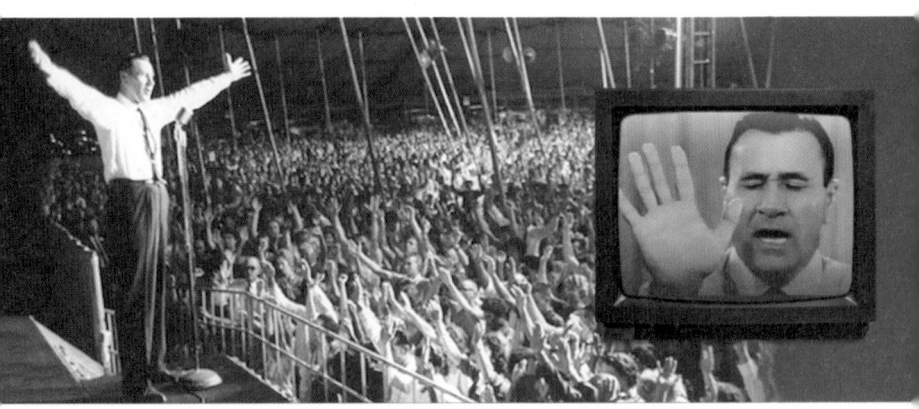

오랄 로버츠 천막 치유집회

오랄 로버츠 목사의 방송사역은 TV를 안방으로 끌어들이는 역사적인 계기가 되었습니다. 이전까지는 성결운동에서 TV를 마귀상자라고 하여 터부시 하였다고 합니다. 그러나 오랄 로버츠는 이 마귀상자를 하나님의 상자로 바꾸어 버렸습니다. 그는 집회현장에서 극적으로 병자들이 치유되는 모습을 촬영하여 방송으로 내보냈습니다. 방송 중에는 설교하다가 "지금 이 시간에 당신의 손을 TV에 나타난 나의 손에 대고 치유를 받으십시오!"라고 하여 TV에 손을 대도록 촉구하였으며 많은 사람들이 그렇게 하여 병이 나았다는 간증들이 들어왔습니다. 그의 담대한 믿음의 행동들은 기존 교단으로부터 많은 지탄을 받기도 했습니다. 그러나 오랄 로버츠 목사는 치유사역은 물론 믿음으로 오클라호마 주 털사에 오랄 로버츠 대학교를 세워서 청년 그리스도인들을 훈련하여 세계로 보내는 일을 지속하였습니다.

데이비드 듀플레시스David Duplessis는 비오순절 교파는 물론 천주교와도 교제하기에 힘썼습니다. 방언을 거부하는 극단적인 사람들은 기독교 이천 년 역사에 방언만큼 교회를 분열시킨 것이 없다고까지 하며 방언을 나쁘게 말하기도 했습니다. 그러나 방언은 하나님이 회복시키신 성령 받은 그리스도인들의 기도 언어입니다. 성경에서 강조하고 있는 것은 우리를 위한 것이며 우리에게 꼭 필요한 것입니다. 성령의 역사와 여러 가지 회복 운동은 기존 교회로부터 늘 핍박을 받고, 오해를 받으며, 멸시를 당하기도 하였습니다.

데릭 프린스Derek Prince는 유대인으로, 교파의 배경 없이 철저히 헬라어와 히브리어를 연구하면서 책을 썼습니다. 대표적으로 『성령 충만한 그리스도인의 지침서』(믿음의 말씀사)라는 책이 있습니다. 데릭 프린스는 교파에 영향을 받지 않고 성경을 공부해서 책을 썼는데, 성령세례 받고 방언하는 것이 당연하다고 주장하고 있습니다.

E. W. 케년Kenyon은 믿음의 원칙들을 잘 가르쳤습니다. 그는 교회와 성경학교와 집회를 통해 다양하게 "새로운 피조물"에 대한 계시를 전하였습니다. 그러나 그가 전하는 "새로운 피조물"의 계시는 일반적인 그리스도인들에게는 아직 너무나 생소한 것이었으므로 그는 선구자로서 많은 오해와 비난을 받았습니다. 어떤 비난에도 그는 묵묵히 자기의 사명에 충실했는데, 그는 자기가 전한 말씀대로 아름다운 삶을 살고 세상을 떠났습니다. 그러나 그가 세상을 떠난 후에 그가 쓴 책들은 들을 귀를 가진 능력 있는 그리스도인이 되고자 하는 사람들에게는 고전이 되었습니다.

E. W. 케년
E. W. Kenyon (1867–1948)

케네스 해긴
Kenneth E. Hagin (1917–2003)

오스본 부부
*Daisy &
T. L. Osborn
(1923–2013)*

데이지 · 티엘 오스본 목사의 아프리카 전도집회 장면

케네스 해긴Kenneth E. Hagin, 1917-2003은 케년의 책을 통해 배운 말씀을 자신의 삶에 적용하여 그대로 역사하는 것을 경험하고서 누구나 말씀대로 믿을 수 있도록 믿음에 대해 잘 가르치는 교사가 되었습니다. 그는 이 말씀을 미국에 펼치는 데 라디오, 카세트 테이프, 책을 활용하였습니다. 그가 세운 "레마성경훈련소Rhema Bible Training Center"는 반세기가 넘도록 미국은 물론 세계에 "믿음의 말씀"을 가르치는 학교로서 수많은 사역자들을 훈련하여 세계로 파송하였습니다.

케네스 해긴 목사님 부부와 함께
유학생 환영 야유회에서

2000년 레마성경훈련소 수학 중
아내와 함께

티 엘과 데이지 오스본 목사 부부는 이 복음을 듣고 복음이 가장 필요한 아프리카와 아시아와 중남미에 전파하는데 선구적 역할을 하였습니다. T. L. 오스본 목사는 해외 선교에서 신유 기적의 역사를 통해 집단적인 복음전파를 일으켰습니다. 그의 책을 보면 수많은 사람이 모여 있는 현장 사진들이 많이 들어있습니다. 한 장의 사진이 백 마디 말보다 더 대단합니다. 이미 반세기도 전에 그가 가는 곳마다 이렇게 많은 사람이 모였다는 것을 알 수 있습니다. 고등학교를 나온 후 곧 선교에 헌신했던 오스본 목사는 개인적으로 "거리의 신학교"라고 하면서 그가 복음을 깨닫는 데 결정적인 영향을 끼친 사람으로서 E. W. 케년 목사의 저서[21]를 언급하였습니다.

---

21) E. W. 케년, 『두 가지 의』, 김진호 역, (개정판; 믿음의말씀사, 2012) 서문 참고.
E. W. 케년, 『하나님 아버지와 그분의 가족』, 서승훈 역(믿음의 말씀사, 2012) 서문 참고.

은사주의 잡지와 TV

은사주의 잡지와 TV는 그 시대에 하나님의 역사를 알리고 전파하는 데 큰 역할을 했습니다. 순복음 실업인회는 「보이스The Voice」라는 잡지를 출판했고, 오순절 교파는 「로고스 저널Logos Journal」이라는 잡지를 출판했습니다. 은사주의 사람들을 위해서 「카리스마Charisma」란 잡지가 나왔는데, 이 잡지는 지금도 세계에서 어떤 일이 일어나고 있는지 현존하는 진리를 계속해서 나타내는 일종의 타임지 같은 역할을 하고 있습니다.

미국에는 CBN, TBN 같은 대표적인 기독교 방송이 있는데, 현재 계속 확장하고 있는 방송은 TBNTrinity Broadcasting Network으로서, 전 미국에 방영되고 있습니다. 출판 기술이 1500년대의 종교개혁에 공헌했던 것과 같이 TV는 은사주의 운동에 많은 공헌을 하게 되었습니다.

우리나라는 1900년 이전에 캐나다와 미국을 통해 장로교회와 감리교회 선교사들이 들어와서 장로교회는 교회를 세우고, 감리교회는 교회와 함께 교육기관을 세우며 확산되었습니다. 그러므로 장로교 감리교회가 대부분의 개신교를 대표하게 되어서 한국교회에는 아직도 오순절 교회의 특징인 공개적인 방언이나 치유 사역 같은 것이 보편화되지 않고 있습니다.

은사주의 운동 기간의 특징

1948년에 조직된 세계 교회 협의회World Council of Church;WCC에는 대부분의 교파와 몰몬교까지도 속해 있습니다. 한국은 WCC를 인정하는 교회와 인정하지 않는 교회로 나누어져 있습니다. 사람이 중심이 되어 연합하자는 에큐메니칼 운동은 결국 최소 공통 분모를 중심으로 모이므로 자연히 중요한 진리를 양보하고 타협하여 유익보다 해가 더 많은 정치적 조직과 운동으로 변질될 수밖에 없습니다. 1948년에는 이스라엘이 독립국으로 탄생하게 되었는데 서로 대조되는 상징적인 사건이었습니다.

메이플라워호Mayflower를 타고 와서 예수 잘 믿는 지상 천국을 건설하겠다는 청교도들이 중심이 되어 세운 미국은 좋은 대학과 신학교도 세웠지만, 급속한 자유주의 신학과 인본주의는 하나님에 대한 신앙을 성경을 학문적으로 연구하는 수준으로 만들어 버렸습니다. 그 뿐만 아니라 가톨릭 신자로는 처음으로 존 F. 케네디(1917-1963) 대통령이 당선되자 공립학교에서 공개적으로 기도할 수 없게 하였으며 이때부터 홈스쿨링 운동이 일어났습니다.

이어서 미국의 70년대는 히피 운동이 한창일 때였습니다.

그들은 머리를 길게 기르고 학업이나 일에 충실하지도 않고 기타를 치고 노래하며 노숙하며 자유로운 삶을 추구하였습니다. 그들은 기존의 모든 권위와 문화를 부정하며 개인의 자유를 추구하였습니다. 60~70년대 월남 전쟁이 장기화되면서 징병되어 전쟁터에 끌려간 친구들이 죽자 미국 대학에서는 반전 데모가 엄청나게 일어났습니다. 이 시기에 하나님의 부흥 운동이 함께 일어났습니다. 정부의 권위에 대항하고 반전 데모하던 자유로운 영혼들에게 복음을 전하여 예수를 믿는 사람들이 나타나기 시작했습니다.

캘리포니아 주에 살고 있던 척 스미스Chuck Smith, 1927.6.25-2013.10.3 목사는 히피 문화의 전성기에 캘리포니아에서 그들에게 복음을 전하여 소위 "예수의 사람들Jesus People"이 되게 하였습니다. 한창 부흥할 때는 몇 달 만에 히피들을 중심으로 1만 5천 명에게 캘리포니아 해변에서 침례를 주는 놀라운 일도 있었습니다. 히피 출신들이 척 스미스 목사의 제자들이 되어 그들은 스승보다 더 큰 교회들을 세웠습니다. 그의 제자들이 세운 교회는 지금도 모두 "갈보리 채플"이란 이름을 가지고 있습니다.

갈보리 채플은 미국에 수백 개의 교회를 개척했는데 스미스 목사는 강해 설교를 중심으로 예배를 드렸습니다. 창세기에서 요한계시록까지 주일 오전, 저녁, 수요일 저녁 이렇게 매주 한

번에 한 장의 내용을 설교해서 약 7년 동안 성경 전체를 강해하였습니다. 그는 할레이 박사가 쓴 "최신성서핸드북"에서 "이 책에서 가장 중요한 것은"이라고 강조하며 설명한 것을 그대로 실천하였습니다. 즉 모든 성도가 같은 성경을 한 장씩 읽고 매주 목사가 그 내용을 강해하는 설교를 일주일에 세 번씩 하는 것이었습니다. 이렇게 하면서 성도들이 성경을 스스로 읽고 해석과 적용을 할 줄 아는 훈련을 받게 되었습니다. 그는 나중에 성경대학을 세워서 부름 받은 청년들이 나가서 교회를 개척하도록 했습니다. 성경을 잘 가르쳤고, 방언을 꼭 해야 한다고 가르치진 않았습니다.

척 스미스(Chuck Smith, 1927.6.25-2013.10.3)
2000년 척 스미스 목사 교회 방문

이 시기에 빌리 그레이엄Billy Graham, 1918-2018 목사는 확성기의 도움으로 많은 군중을 모아놓고 복음을 전하여 영혼을 구원하였습니다. 제2차 세계 대전 이후 새로운 세계의 평화적인 질서가 구축되고 인구가 급속히 증가하면서 도시화 현상과 함께 초대형 교회Mega Church들이 등장하기 시작하였습니다. 과학의 발전으로 비행기, 자동차, 라디오, 테이프, TV, 위성방송 등 각종 발명품이 개발되었을 뿐만 아니라 세계의 인구도 폭발적으로 성장하였습니다.

유엔 세계인구 전망

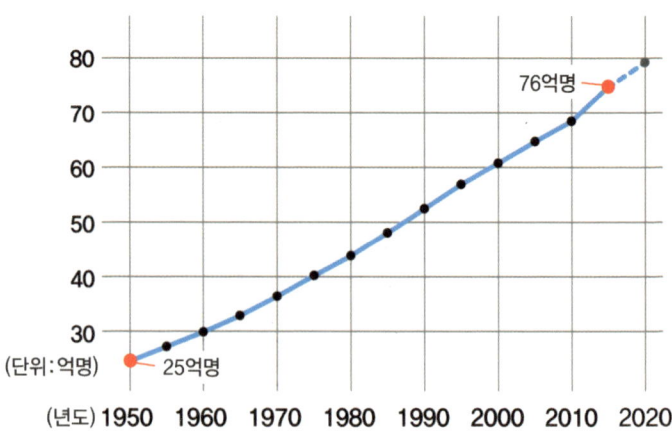

은사주의 운동의 요약

1980년대 초에 제가 유학 갔을 때는 은사주의 운동이 상당히 꽃을 피우고 있었습니다. 미국인 친구를 따라서 가게 된 교회는 목사님 부부가 함께 사역하는 교회였는데, 남편은 회계사이고 실질적인 목회는 사모님이 하고 있었습니다. 제 아내는 처음 간 미국교회에서 사람들이 예배 후에 목사님이 기도할 때 뒤로 넘어지는 것을 보고 큰 충격을 받았습니다. 그 후에 캠퍼스에서 찬양을 하며 전도하던 학생들을 통해 *「Why Tongue? 왜 방언을 말하는가?」라는 소책자를 받아 읽고서 그 교회의 모임에 나가게 되어 우리 부부는 방언을 받음으로 은사주의 교회가 무엇인지를 직접 체험하게 되었습니다. 그 교회에서 은혜를 많이 받게 되자 한국에서도 이러한 교회를 세워보고 싶은 소원이 생겼습니다. 역사를 통해 좋은 것을 배우고, 하나님이 어떻게 역사하셨는가를 배우는 것도 의미가 있지만, 제일 중요한 것은 내가 지금 일하시는 하나님의 일에 구경꾼이 아니라 참여자가 되는 것입니다.

---

* 케네스 해긴, 「방언기도의 능력을 풀어 놓으라(Why Tongue?)」, 김진호 역, (믿음의말씀사, 2000).

은사주의 운동의 핵심을 살펴보면 다음과 같습니다.

첫째, 성령세례, 안수, 축사와 다양한 성령의 은사들을 활성화 시켰습니다.

안수는 성경에 나와 있는 그리스도의 교리의 초보임에도 성도들은 안수하거나 안수 받을 줄을 몰랐습니다. 성도들이 방언뿐 아니라 병자를 위해서 안수하는 것, 성도가 성도에게 안수하는 것 등을 집회나 TV를 통해 보게 되자 서서히 보편화되었습니다. 안수, 귀신 쫓는 것, 성령세례 받고 방언을 말하게 하는 것 등 다른 9가지 성령의 은사들이 많이 활성화되고 보편화되기 시작하였습니다.

둘째, 진리를 각 교단에 속한 그리스도인에게 전파하였습니다.

자기 교단뿐 아니라 특히 성경이 완성되었을 때 은사는 다 끝났다고 가르치던 교단까지도 성령의 은사가 나타나게 되었습니다. 천주교 신부도 방언을 하고 치유도 나타났습니다.

오순절 운동은 1900년대에 시작하여 예수 믿는 것에서 끝나는 것이 아니라 누구나 성령세례를 받고 방언을 말해야 하며, 방언을 말할 때 능력 있는 신앙생활을 할 수 있다고 강조하였고, 은사주의 운동은 1970~1980년대에 오순절뿐 아니라 기존 장로교, 감리교, 침례교 교단 등 교파에 상관없이 오순절 운동이 일어나게 된 것을 말합니다.

셋째, 건강과 믿음과 번영으로 승리하는 성도의 삶의 메시지를 전했습니다.

치유 은사를 강조하다 보니 건강을 중요하게 여기는 것과 믿음으로 살아야 한다는 내용, 그뿐만 아니라 우리가 이 땅에서 번영하고 승리하며 사는 것이 하나님의 뜻이라는 메시지가 강조되었습니다. 이것은 믿음으로 승리하는 성도의 삶을 말하는 것이지 믿음만 있으면 된다, 번영만 하면 된다, 나머지는 마음대로 살아도 된다는 것이 전혀 아닙니다. 사람들이 뭐라고 주장하던지 우리에게는 성경이 있고, 성령을 받았고, 말씀을 배웠으니 충분히 하나님의 일과 사람의 육신의 일을 구별할 수 있습니다. 우리는 말씀을 경험할 수 있습니다. 살아계신 하나님이 우리에게 믿음을 주시고 건강과 번영을 통해서 이 땅에 사는 동안에 생명을 얻되 풍성히 얻게 하셨습니다. 그러므로 우리는 이 복음을 듣지도 못하고 알지도 못하는 사람한테 나눠 주어 선교하고 복음을 전하는 일에 돈과 시간과 열정을 드릴 수 있습니다.

오순절 운동 요약

사도행전 2:4에 의하면, 오순절에 "그들이 다 성령의 충만함을 받고 성령이 말하게 하심을 따라 다른 언어들로 말하기를 시작" 하였습니다. 오순절 운동을 요약하면, 방언 운동으로 시작된 운동이라 할 수 있습니다. 물론 기독교 이천 년 역사에 방언이 없지는 않았겠지만, 과거 1900년 동안 어디서 어떻게 했는지는 알려지지 않고 있으며, 1900년대 오순절 운동 이후로 일반화되었습니다. 은사주의 교회도 방언을 인정하기는 하지만, 일반적으로 예배 때에는 방언을 잘 하지 않습니다.

방언 운동이 공식화되어 나온 교단이 순복음Full Gospel이라 불리는 "하나님의 성회Assembly of God" 교단이며, 구원뿐만 아니라 반드시 물 침례를 받고 성령세례를 받아야 한다는 것이 오순절 운동의 핵심입니다. 구원은 성령으로 그리스도의 몸 안으로 침례를 받는 것이며(고전 12:13), 성령을 받아 성령으로 충만하게 되는 것을 별개의 것으로 믿습니다. 이들은 영접하고 성령 충만함을 받는 것이 동시에 일어날 수도 있고 그렇지 않을 수도 있어 두 번째 축복Second Blessing이라고도 하였습니다.

그렇다면 방언을 말한다는 것이 왜 중요한 것일까요? 피터 와그너Peter Wagner 박사는 "인류 역사상 오순절 운동만큼 짧은 시간 내에 전 세계적으로 이렇게 많은 사람에게 영향을 끼친 운동은 없었다."고 말하였습니다. 대부분의 큰 교회들은 오순절 교회이며 특히 제3세계 국가나 선교지로 가면 이러한 양상이 두드러집니다. 지난 30~50년 사이 기독교 인구가 증가하는 지역들을 보면 더 이상 유럽과 미국 등 백인들이 거주하는 지역이 아닙니다. 싱가포르, 브라질, 아프리카 등 유색인종의 기독교인이 훨씬 많아지고 있습니다.

한 사람이 예수님을 영접하고 성령 충만 받고 방언을 말하며 변화되는 것은 방언기도의 능력입니다. 방언기도의 중요성은 체험할 때 더 실재적으로 알게 됩니다. 믿음의 말씀도 마찬가지입니다. 이 세상에는 온갖 책들이 많이 있습니다. 우리는 성경을 공부하고 성령으로 기도하면서 무엇이 진리이고, 무엇이 진정한 복음인지 깨닫고 이것을 자신의 삶에서 체험해야 합니다. 그리고 같은 말씀으로 전도하고 양육했을 때 그 사람에게서 나에게 있었던 일보다 더 아름다운 열매들이 맺힌다면, 우리가 전한 말씀에 하나님이 따르는 표적으로 확실히 증거하고 있다는 것을 확신할 수 있습니다.

제6장
은사주의 이후의 운동들

오랄로버츠 대학
기도의 탑

신유부흥 운동(1948-1960)

1948년부터 1960년까지 12년간 미국에서 "신유부흥 운동"이 있었습니다. 그 시대는 흑백 TV 시대였습니다. 사역현장을 녹화했기 때문에 현장의 모습이 지금도 그대로 남아있습니다. 이때 하나님의 신유역사가 엄청나게 일어났다고 합니다. 그 당시 활약했던 대표적인 신유부흥사역자들은 윌리엄 브랜함, 잭 코, 오랄 로버츠입니다. 그 외에도 여러 사람이 있었지만, 이들에게 많은 신유역사가 일어나서 유명했습니다.

오랄 로버츠는 91세까지(1918.1.24-2009.12.15) 살았는데 그는 은사주의 운동의 산 증인이라고 할 수 있습니다. 1900년대가 오순절 시대인데 오랄 로버츠는 1948년도 젊은 나이에 미국의 치유부흥 시기에 크게 활약하였습니다. 다른 사람들도 많이 있었지만 규모나 영향력을 역사적으로 평가해 볼 때 오랄 로버츠는 1948~1960년 신유부흥 뿐만 아니라 90세가 넘도록 1900년대 한 시대를 살면서 세계 교회에 치유의 메시지를 확실하게 가르쳐 주고 본을 보여 주었습니다. 하나님이 지금도 병자를 치유하시고 또 병자를 치유하시기를 원하신다는 메시지를 열심히 전해서 치유부흥에 선구자적인 역할을 감당했습니다.

오랄 로버츠는 자기 이름을 딴 오랄 로버츠 대학교를 1965년 털사Tulsa에 세웠습니다. 그때 복음주의를 대표하고 시카고에 있는 위튼 대학Wheaton College 출신인 남침례교의 빌리 그래함 목사가 축복설교를 하였습니다. 빌리 그래함 목사는 지난 1세기 동안 영혼을 구원하며 복음전도자로 살았습니다. 그가 쓴 『성령론The Holy Spirit』은 전통적인 복음주의의 입장을 대변하고 있습니다. 그가 은사주의 운동의 중심지라고 할 수 있는 오랄 로버츠 대학교의 개교 예배에서 축하 메시지를 한 것은 치유사역을 미국 기독교의 최대 교단인 남침례교에서도 인정하는 상징적인 의미가 있었습니다. 이후 오랄 로버츠 목사의 치유사역 뿐만 아니라 은사주의 운동이 기독교 전체에 좋은 영향을 끼친 것을 공인받는 계기가 되었다고 볼 수 있습니다.

털사 Tulsa에서

1988년 유학을 마치고 돌아와서

필자는 1982년 가을부터 1988년 여름까지 미국에서 경영대학원 MBA과정과 신학대학원 과정을 마치는 동안 미국의 위스콘신 주 매디슨에서 2년, 오클라호마 주 털사에서 1년, 마지막 3년은 오클라호마 주 이니드에서 공부하며 한인교회를 섬겼습니다. 이 시기가 바로 미국에서 은사주의 운동이 전성기였으며 우리 부부는 유학 첫해에 매디슨의 은사주의 교회에서 성령을 받고 방언을 말하며 새로운 차원의 신앙생활을 하게 되었습니다.

저는 신유부흥 운동이 시작된 지 20년 이후인 1985년에 오랄 로버츠 대학 신학대학원에 입학했습니다. 학생 수가 약 5천여 명 되었고 1학년부터 4학년까지 전부 기숙사에 있었습니다. 이 학교를 1학기 다닌 후에 하나님의 인도로 소도시의 작은 한인교회의 사역자로 섬기며 공부를 계속할 수 있는 학교로 옮기게 되었습니다. 오랄 로버츠 대학교를 상징하는 비전은 '영·혼·몸을 훈련한다.' 였습니다.

신학대학원뿐만 아니라 대학교 신입생들은 모두 체육 과목을 들어야 했습니다. 이 과목은 반 학기 동안은 의사가 좋은 음식과 충분한 운동에 대하여 직접 가르칩니다. 무엇을 먹어야 하고, 음식이 왜 중요한지, 우리 몸은 음식과 어떤 관계가 있는지 몸과 음식에 대해 잘 설명해 주었습니다. 그리고 반 학기가 지나면 체육 코치가 일주일 동안의 운동량과 체중을 관리해 줍니다. 그뿐 아니라 학생들에게 카드를 주어서 운동량을 컴퓨터에 입력하게 하고 철저하게 관리했습니다. 그렇게 수업을 듣고 나면 먹는 것과 운동의 중요성을 알게 됩니다.

전공 분야에 대한 학문적인 가르침 이외에도 영적인 훈련으로 일주일에 두 번 채플시간이 있었습니다. 제가 신학대학원에서 공부할 때 이 채플시간에는 세계적으로 유명한 은사주의 운동, 성령 운동하는 분들이 오셔서 은혜로운 설교를 했습니다. TV에서 보거나 책을 통해 알게 된 유명한 사역자들이 채플 시간에 와서 말씀을 전하면 학생들이 은혜 받고 헌신하며 손을 들고 기도하며 눈물을 흘리는 시간들이었습니다. 그 시간들은 완전히 부흥회 분위기였습니다. 제가 유학한 1982년부터 88년도까지 즉 1980년대는 미국에서 은사주의 운동 기간이었으며 "믿음의 말씀 운동"이 한창이었을 때였습니다.

그런데 오랄 로버츠의 사역은 시간이 지나면서 중요한 것들이 사라졌습니다. 천막도 사라지고 TV 프로그램도 사라지고 지금은 학교만 남았습니다. 설립 때의 비전을 이어 받아 발전시킬 훌륭한 제자를 세우는데 실패하면 어떤 좋은 비전도 세월이 지나면서 쇠퇴하는 것을 볼 수 있었습니다. 오랄 로버츠 대학교는 그의 아들 리처드 로버츠Richard Roberts가 아버지의 대를 이어 학장이 되었는데 제가 돌아 온 후 소식에 의하면 그는 2007년 불미스러운 소문을 남기며 사임하였다고 합니다. 1980년에는 "믿음의 도시City of Faith"라는 병원까지 믿음으로 세워 의학과 기도가 함께 전인치유를 하는 모델 병원이 되도록 하려고 했으나 결국은 몇 년이 못 되어 운영난으로 문을 닫았습니다. 1985년 아내는 이 병원에서 첫 아이를 출산하게 되었는데 그때 직접 경험한 사실은 60층 건물의 병실마다 담당 의사와 간호사가 있을 뿐 아니라 담당 중보기도자도 있었습니다. 그 지역에 사는 은사주의 교회 성도들이 담당 기도자로 섬기면서 의사, 간호사, 중보기도자가 함께 병실을 드나들며 환자의 영 · 혼 · 몸을 치유하려고 협력하는 모습은 참으로 아름답고 감동적이었습니다.

70년대의 사건들

우리 부부가 미국의 은사주의 교회에 나가서 방언을 받고 새로운 말씀과 새로운 성도들을 만나고 있을 때였습니다. 결혼한 서른이 넘은 대학원생 부부로서 목요일 저녁에 대학청년들만 따로 60~70명이 교회에 모여서 드리는 예배에 참석하였습니다. 한 청년이 설교를 하는데 데이비드 윌커슨의 간증을 실감나게 했습니다. 예배 후에 그에게 물어보니, 이분이 『십자가와 칼』이라는 책을 쓴 목사인데 자기가 오늘 설교하면서 인용한 얘기가 그 책에 나온다고 하였습니다.

나는 바로 그 책을 사서 읽어보았습니다. 이 책은 제가 미국에 가서 성령을 받고 방언을 말하게 된 후 처음 읽은 책입니다. 『십자가와 칼The Cross and the Switchblade』[22]은 미국에 오순절 운동의 불을 지폈던 책입니다. 이 책은 극적이고 감동적이어서 팻 분Pat Boone이라는 70년대 영국의 유명 가수를 주연으로 영화로 만들어져서 온 세계에 소개되었습니다.

---

[22] 데이비드 윌커슨, 『십자가와 칼』, 탁영철 역, (베다니출판사, 2011). 초기 한국어판은 『십자가와 깡패』, 권명달 역, (서울:보이스사, 1976)로 출간되었음.

데이비드 윌커슨David Wilkerson, 1931.5.19-2011.4.27은 오순절 The Holy Spirit 계통의 평범한 시골 교회 목사였습니다. 그 당시 「라이프LIFE」라는 사진 잡지가 있었는데, 그 잡지에는 10대 소년 갱들이 싸우다가 총으로 살인을 하여 경찰에게 잡혀 가는 사진이 있었습니다. 그 아이들의 표정은 살인자가 아니라 어린 아이처럼 순진하기도 하고 두려워하는 그런 모습이었다고 합니다. 자기 전에 잠시 잡지에서 본 그 아이들의 얼굴이 그의 심령에서 떠나지 않았습니다. 어느 날 저녁에 교회 가까운 들을 걸으며 기도를 하다가 교회 쪽을 바라보니 자기 교회 같지 않고 다른 교회를 보는 것 같았습니다. 그리고 그 사진 속에서 본 아이들이 생각나서 하나님 앞에 기도했습니다. "하나님, 저에게 말씀하시는 것이 있습니까? 자기 전에 본 사진이 잊혀지지 않습니다. 그리고 오늘 저녁에는 이 교회도 제 교회 같지 않습니다. 하나님, 저에게 말씀하고 싶으신 것이 있으면 말씀해 주세요."라고 했더니 하나님께서 "뉴욕에 가서 그 아이들을 만나봐라. 이 아이들은 살아있는 아이들이다."라는 감동을 주셨습니다. 그 다음 주일 저녁 설교 시간에 그는 이 사실을 다 말했습니다. "하나님께서 저에게 뉴욕에 가고 싶은 마음을 주셨습니다. 제가 갈 수 있도록 헌금을 해주십시오." 즉석에서 헌금을 걷으면서 그는 이렇게 생각하였습니다. '헌금이 충분히 나오면 가고, 부족하면 하나님이 가지 말라는 것이 아니겠는가?' 그런데 그날 헌금은 겨우 그의 교통비 만큼이었습니다.

결국 그는 뉴욕에 가게 되었고, 사진에서 보았던 아이들은 못 만났지만 다른 청소년 갱들을 만나게 되었습니다. 그는 낯선 도시에서 갱단들끼리 서로 싸우며 칼부림하는 가운데 들어가 위험을 무릅쓰고 그들에게 복음을 전하기 시작하였습니다. 뉴욕에는 많은 마약 중독자, 매춘부들이 비참한 삶을 살아가고 있었습니다. 마약 중독자가 된 청소년들을 회심시켜 합숙을 하면서 그들을 치유하였습니다. 그들은 먼저 예수님을 영접하고, 성령을 받고 방언을 말하게 되었습니다. 함께 집중적으로 방언으로 기도하면서 그들이 마약 중독에서 해방되는 것을 보았습니다. 마약 중독자들을 치료하는 시설과 단체들이 많았지만 어떤 의학적인 방법으로도 해결되지 않던 심각한 중독자들도 그곳에 와서는 성령을 받고 방언을 말하고, 기도하면서 몇 주 만에 깨끗이 낫는 역사도 일어나게 되었습니다. 이렇게 해서 마약 중독 치료와 잃어버린 영혼을 구원하는 그곳을 "틴 챌린지 센터 Teen Challenge Center"라고 이름 짓고 본격적인 재활사역도 하게 되었습니다. 틴 챌린지 센터는 곧 나라에서도 인정하는 최고의 마약 중독 치료 기관이 되었습니다. 이어서 이 사역은 태국과 아프리카와 같은 곳의 청소년 마약 문제가 있는 곳까지 확장되었습니다. 뉴욕의 맨해튼에서 시작된 그의 사역은 미국교회의 오순절 교회 역사 가운데 중요한 사건으로 자리를 잡게 되었습니다. 그 후에 그는 타임스퀘어에 있는 한 영화관을 사서 타임스퀘어 교회Time Square Church를 개척하였습니다.

미국 오순절 운동에 불을 붙이는 데 큰 영향을 끼친 또 한 권의 책은 『They Speak with Other Tongues그들은 방언을 말한다』[23]입니다. 저자인 존 쉐릴John L. Sherrill은 자기의 친구들이 방언을 말하고 변화되는 것을 보면서 "방언을 말하는 것이 도대체 무엇인가?"라는 의문을 갖게 되었습니다. 그는 방언을 말하는 사람들을 찾아서 어떻게 방언을 하게 되었고, 언제 방언을 하고, 무슨

 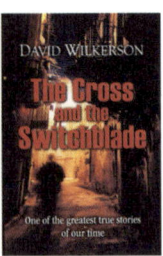 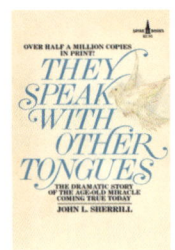 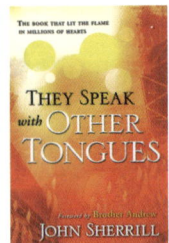

---

23) 존 쉐릴, 『성령님을 찾아서(They Speak with Other Tongues)』, 배응준 역, (서울:규장문화사, 2007).

좋은 점이 있는지 조사하다가 자신도 방언을 하게 됐습니다. 그런 경험을 간증과 연구 조사 형식으로 쓴 책입니다. 오순절 학자들은 미국에서 오순절 운동의 확산에 가장 큰 기여를 한 책으로 『십자가와 칼』과 『그들은 방언을 말한다』 두 권을 뽑습니다.

여러가지 미디어를 통해 광고나 말을 듣고 사람들은 쉽게 동조하고 그냥 따라가는 경향이 있습니다. 이런 심리를 이용하는 것이 광고를 이용한 판매 전략이며, 대중 매체를 통하여 편향된 프레임을 씌워 우매한 국민들을 속여 정권을 잡는 민주주의란 제도의 단점입니다. 세상의 정치 경제뿐만 아니라 진리의 복음을 전하는 일에도 마귀의 전략은 똑같습니다.

사람들은 직접 확인해 보거나 경험하지도 않고 소문이나 부정적인 프레임을 씌운 말에 먼저 노출되면 그것을 그대로 받아들임으로써 진리나 사실이 아닌 것을 진리로 믿게 됩니다. 그러나 최소한 그 주제에 대한 책이라도 한 권 읽으면 나름대로 판단할 믿을 만한 정보를 가지게 됩니다. 책을 읽고 성경을 통해 진리를 확인한 다음에는 더 이상 사람의 말을 통해 역사하는 마귀의 간계에 흔들리지 않습니다.

루터의 종교개혁이 성공한 결정적인 이유는 여러 가지 시대적 요구나 상황도 무르익었지만 그가 쓴 "95조 반박문"을 인쇄하여 많은 사람들이 직접 읽음으로써 확산되었기 때문입니다. 루터가 박해를 피하여 바르트부르크성에 숨어 지내는 동안 독일어로 성경을 번역하여 출판하여 누구나 성경을 독일어로 읽을 수 있게 된 것도 인쇄한 글의 힘이었습니다.

종이책은 종교개혁 이후에 여전히 하나님이 사용하시는 의사소통 수단으로서 아무리 인터넷 시대가 되고 전자책이 보편화되어도 집단 무지로 인한 마귀의 속임을 파괴하는 최고의 무기 중 하나입니다. 그러므로 시대가 변하여도 교회는 물론 온 세상 사람들에게 주신 하나님의 최고의 선물은 하나님의 아들 예수 그리스도의 구원의 복음을 기록한 성경책입니다.

토론토 블레싱

레이 맥컬리Ray McCauley 목사는 털사에 있는 레마성경훈련소에서 공부하고 남아공에 돌아가서 "레마 성경 교회"를 세웠습니다. 20~30년 전 남아공에 인종차별이 심할 때에도 이 교회 성도 만여 명 중에 흑인이 30%가 넘었다고 합니다. 그는 교회에 레마성경훈련소의 첫 분교를 세웠습니다. 로드니 하워드 브라운Rodney Howard Browne은 남아공에 있는 "레마성경훈련소"를 졸업한 후 그 학교에서 강사로 섬기고 있었습니다. 그는 하나님이 미국에 가서 사역을 하라는 음성을 듣고 1990년도 초반에 미국으로 갔습니다. 미국의 여러 교회에서 집회를 하게 되었는데 그의 집회에서는 사람들이 데굴데굴 구르며 자신의 의지와는 관계없이 크게 소리 내어 웃게 되는 소위 "거룩한 웃음Holy Laughter"이란 현상이 일어났습니다. 대부분의 기존 교회에서는 이를 두고, 병이 낫는 것도 아니고 영혼을 구원하는 것도 아니면서 웃기만 한다고 비웃었습니다. 시편에 소리치며 기뻐하라는 말은 있지만 이렇게 웃는 것은 교회에서 일어나는 평범한 현상이 아니었습니다. 빈야드교회[24] 소속 목사인 랜디 클락Randy Clark도 "말씀의 사람들Word People" 중심으로 일어나는 이 일에는 관심이 없어 외면했었습니다.

그가 목회를 하다가 너무 힘들어 탈진한 상태였던 어느 날 너무 괴로워 절망적인 간구의 기도를 드리고 있었는데 한밤중에 오랜 친구 제프에게 전화가 걸려왔습니다. 제프는 이 전화가 결코 우연이 아니라고 말했습니다. 제프는 탈진과 타락과 자살하고

---

[24] 존 윔버에 의해 1980년대에 빈야드 워십 찬양이 미국에서 대대적으로 일어났다. 교파라는 말은 따로 안 썼지만 Vineyard Fellowship이라고 해서 Vineyard 음악을 하는 사람을 말함.

싶은 마음과의 싸움에 관하여 이야기했고, 그도 공허하고 무능력한 기독교 신앙으로 인해 극도로 침체되어 교회 다니는 것도 완전히 그만둔 적이 있었다고 말해 주었습니다. 그러면서 제프가 그의 어두운 시간에 하나님께서 어떻게 초자연적으로 개입하셨는지 말해주었을 때 랜디 클락은 울기 시작했습니다. 그가 쓴 책을 통해 그의 체험을 직접 들어 보도록 하겠습니다.

도움이 오고 있음을 깨달았다. 새벽 세시가 되어갈 때 제프는 나에게 내가 한 번도 들어 본적 없는 복음 사역자 로드니 하워드 브라운의 집회에 가 볼 것을 권하였다.

나는 그 복음 사역자의 사무실로 전화를 걸었다. 전화를 받은 여자가 그의 다음 집회 계획이 두 주 뒤에 잡혀있는데 오클라호마 털사에서 있을 것이라고 말해주었을 때, 내 가슴은 내려앉고 있었다. 털사라니! 나는 항상 모든 교회를 사랑하는 존 윔버의 기독교적인 정신을 감사해왔다. 그런데 이번에는 내가 그 정신을 가져야만 할 때였다. 하나님은 그곳에 내가 비난하고 쓴 마음을 품고 있는 그룹이 있다는 것을 알고 계셨던 것이다. 무슨 대답을 해야 할까, 나는 침을 꿀꺽 삼켰다. "그곳에 있는 어느 교회인데요?" 지금 나는 나아만과 엘리사 그리고 그 요단강 사건에 대하여 정말 감사한다. 나는 생각했다. '오 빈야드 강물이 훨씬 더 크고 깨끗한데….' 나는 성령께서 말씀하시는 것을 느꼈다. "랜디, 너 정말 나를 갈급해 하고 있니?"

"레마 성경 교회요." 안내하는 사람의 대답이 돌아왔다.

나는 생각했다. '주님 하필이면 거기입니까? 거긴 정말 개인적으로 이 미국에서 제일 마지막으로 선택할 교회라는 것을 아시지 않습니까?' 나는 특정 교회를 비하하려는 게 아니다. 그저 당시 내가 그러한 상태에 있었던 말이다. 나는 그들이 하는 행동이 못마땅했지만 그러나 이것이 시험이라는 것을 깨달았고 그래서 가기로 결정했다.

우리 교회에서 세 사람이나 나와 함께 털사에 갔다. 교회는 사천오백 여 명의 사람들이 모여 있었고, 복음 사역자 로드니 하워드 브라운이 가르치고 있었다. 그가 가르치는 도중 한 여자가 가장 상스러운 소리를 내며 웃기 시작했다. 나는 생각했다. '왜 안내원을 시켜서 저 여자의 입을 다물게 하지 않지?' 그가 강의를 마칠 무렵 나는 흥분했고 화가 났다. 이 집회는 정말 엉망이고 나의 저녁 시간을 몽땅 망쳐 버렸다라고 생각했다. 많은 사람들이 넘어지고 많은 일들이 일어났지만 나는 이것이 실제인지 여전히 확신할 수 없었다. 나는 그 사람들 중 누구도 알지 못했고 내가 생각하기에 그 사람들은 완전히 감정적인 타입 같았다. 나는 도무지 내 앞에서 일어나는 일들을 확신할 수가 없었다. …

우리는 계속 집회에 참석했다. 우리 중 한 사람이 강력하게 만지심을 받기 시작했다. 나는 아무 느낌도 없었다. 그러나 다음 집회에서 로드니가 나를 위해 기도할 때 나는 서 있을 수가 없어서 쓰러지고 말았다. 거기 누워서 내가 전에 두 번이나 분명히 하나님의 만지심을 받았을 때 뜨거움과 전류가 내 몸으로 흐르고 곧 죽을 것만 같았던 그때를 생각하고 있었다. 이번에는 내가 일어날 수 있을까를 떠나서 나는 아무것도 느낄 수가 없었다. 나는 생각했다. '이건 모두 육신적인 것들이야. 내가 떨리지 않는 것을 보니 이건 심리적인 것이야.' 나는 참으로 헷갈렸다. 그러나 꾹 참기로 했다. 갑자기 내 주위의 사람들이 웃기 시작했다. 나도 그저 웃기 시작했다. 그러나 내가 미처 깨닫기도 전에 나는 성령에 이끌려 웃고 있었고 멈출 수가 없었다. 침례교의 배경과 약속에 따라 우리는 절대로 술을 마시지 않는다. 하지만 나는 술에 취해 있었다. 성령의 술로 말이다. 그 주말에 나와 함께 간 사람 중 한 명은 전혀 아무것도 느끼지 못했다. 그것은 내게는 목회적 문제요, 그에게는 실제적인 문제였다.[25]

---

[25] 랜디 클락, 『그 이상을 갈망하라』, 전진주 · 황준호 역, (서울:순전한 나드, 2010), pp. 50-53.

랜디 클락은 자기가 제일 싫어하던 털사의 그 교회 집회에 와서 은혜를 받았습니다. 그는 웃으면서 무엇인가 색다른 성령의 만지심을 경험하였습니다. 웃기만 한 것이 아니라 새로운 차원의 평화, 기쁨, 자유가 있다는 것을 깨닫고 자기가 확실히 변화되었다는 것을 느꼈습니다. 그가 변화되자 그의 교회에서도 부흥이 일어났습니다. 부흥의 그 소식을 들은 캐나다 토론토 공항 교회를 섬기던 같은 빈야드 교회 소속의 존 아놋 John Arnott 목사는 그를 초청하여 집회를 부탁했습니다. 그의 집회에서도 사람들이 넘어져서 데굴데굴 구르고, 웃을 뿐만 아니라, 동물의 울부짖음 같은 소리도 내고, 부분적으로 자주 몸을 움츠리는 발작 jerking 같은 일들이 일어났습니다. 이것이 소위 "토론토 블레싱"의 시작이었습니다.

토론토 교회는 1995년부터 10년이 넘도록 부흥의 불을 유지하였으며 많은 사람들이[26] 그곳 집회 즉 "토론토 블레싱"을 통해서 자기들이 결정적인 성령의 사역을 하게 되고 사역에 큰 부흥이 있었다고 고백하였습니다. 토론토 블레싱의 큰 장점은

---

[26] 필자가 그들의 간증을 직접 들은 사역자들: 빌 존슨, 체 안, 하이디 베이커 등.

영적인 아버지 마음을 가진 존 아놋John Arnott 목사입니다. 이분은 아버지의 마음과 사랑에 대해 설교도 많이 했고, 좀 이상한 것을 해도 가만히 지켜보며 성령의 자유로운 역사를 환영하였습니다.

「카리스마」 잡지에서 토론토 작은 교회에서 이상한 일이 일어나고 있다는 기사를 읽고 1995년 말에 열두 명으로 그룹을 이루어 저도 그 교회를 방문했습니다. 함께 갔던 열한 명이 모두 넘어져서 웃고 바닥에서 굴렀지만 저는 집회가 다 끝날 때까지 겉으로 나타나는 어떤 특별한 느낌이나 경험도 없이 그냥 구경만 하다가 오게 되었습니다. 같이 간 다른 사람들은 영어를 못 알아들어도 아무 문제가 없었는데 저는 다 듣고 사모하며 애썼지만 넘어지지도 웃지도 못했습니다. 낙심한 마음에 마지막 날 새벽에 주님께 여쭈어 보았습니다. "이렇게 큰돈을 들여 여기까지 와서 오늘도 제가 넘어지지도 못하고, 웃지도 못하고 가면 어떻게 합니까?"라고 했는데, 하나님께서는 "너는 이미 다 받았다."라는 믿음을 주셨습니다. 나는 하나님의 말씀을 믿고 돌아오는 수밖에 없었습니다. 돌아오자마자 주일 예배를 드리면서 마지막 축도를 하려다가 "자, 이제 우리도 성령님을 환영하고 역사하시도록 잠시 조용히 기다립시다!"라고 선포했습니다. 그러자 강단 우측의 성가대 앞줄에 앉아 있던 자매가 갑자기 앞으로 꼬꾸라졌습니다. 이어서 축도를 받으려고 서 있던 성도들이 여기저기서 연쇄반응을 하듯이 쿵쿵 소리를 내며 뒤로 쓰러져서 자리에 앉더니 깔깔 거리면서 웃기 시작했습니다. 웃음을 참지 못하고 고통스러워하며 바닥에서 구르는 성도들도 있었습니다. 토론토에서 내가 보았던 장면들이 그대로 나타나고 있었습니다. 저는 그 자리에서 "성령 불붙이기" 집회를 선언하고 앞으로 사흘 저녁 집회를 가질테니 성령님의 역사를 기대하는 성도들은 전부 참석하도록 하였습니다. 당시 예배 참석 인원이 200여 명 정도 되었을 때였는데, 사흘 동안 똑같은 성령의 나타남이 있어서 세 사람을 제외하고는 모두 최소한 자기 의지와 상관없이 쓰러지고, 웃고, 주님을 직접 만나기도 하였습니다.

  수년 동안 지속된 토론토 빈야드 교회를 통해 가장 큰 영향을 받은 교회는 영국의 교회들이었다고 합니다. 수백 명의 영국목사들이 토론토 공항 교회를 방문하였으며, 특히 런던의 홀리 브럼튼 교회Holy Brompton Church도 그 중에 하나였습니다. 이 교회는 알파코스를 만들어 괄목할 만한 전도의 열매를 낸 교회로서 영국교회의 갱신은 물론 세계에 알파코스를 전파했습니다. 니키 검블 목사가 개발한 알파코스는 하루를 정해서 집중적으로 성령에 관해서 가르치고 안수하여 모두 성령 받고 방언을 말하도록 하는 것이 다른 전도 중심의 성경 공부와 결정적으로 다른 점이었습니다. 성령의 능력과 방언기도를 체험하도록 함으로써 기존의 복음을 제시하여 영접 기도를 하는 것으로 마치는 다른 전도 프로그램과 다른 좋은 결과를 보았습니다.

알파코스는 한국교회에도 소개되었는데 초교파적으로 다른 교단에서도 성령을 받도록 하고 성령을 받은 증거로 방언을 말하게 하는 운동으로 인정받게 되었습니다. 누구나 방언을 할 수 있다는 것을 체험하게 되면 이어서 방언 통역을 비롯한 예언과 다른 은사들을 환영하는 자유로운 분위기로 발전할 수 있습니다. "알파코스"가 바로 자연스럽게 전도의 열정을 이용하여 교단을 초월하여 한국교회에 영향을 끼친 일종의 은사주의 운동이라고 할 수 있습니다.

펜사콜라 부흥

펜시콜라 부흥은 1995년 6월 18일 아버지의 날에 브라운스빌Brownsville 하나님의 성회 교회에서 일어났습니다. 그 교회의 담임 목사인 존 킬패트릭John Kilpatrick 목사는 알코올 중독자인 아버지와 그에게 학대받는 어머니를 보고 자랐습니다. 그의 어머니는 아버지에게 학대받으면서도 자녀를 위해 이혼하지 않고 참고 사셨다고 합니다. 이런 환경 가운데 자라면서 그는 "하나님, 저는 어머니를 모시고 꼭 행복하게 살겠습니다."라고 서원을 했다고 하며, 결혼할 때는 어머니를 모실 수 있는 사람을 아내로 선택했다고 합니다. 그는 해변이 있는 휴양도시인 펜사콜라에서 1,500여 명이 예배드릴 수 있는 큰 교회를 섬기고 있었습니다.

펜사콜라 부흥(1995년)
저녁 집회에 참석하기 위해
낮부터 기다리는 방문객들

그는 교회의 부흥을 위해서 소위 "깃발 기도회"라는 것을 시작했습니다. 깃발 하나에 한 가지 주제와 기도 제목을 써 놓고 여러 깃발을 하나씩 방문하면서 한 바퀴를 돌면서 기도하는 것입니다. 깃발 기도회를 1년간 했는데 부흥이 일어나지 않자 어느덧 그는 지쳐있었다고 합니다. 1995년 어버이 주일을 앞둔 토요일 저녁 그는 교회 강단에 교회 열쇠 꾸러미를 올려놓고 이렇게 기도했다고 합니다. "하나님, 기도했지만 부흥도 되지 않고 저도 탈진했으니 더 이상 부흥이 없으면 제가 이 교회를 떠나겠습니다."

그 다음날은 어버이 주일로 남미에 파송된 선교사 스티브 힐 Steve Hill[27] 목사가 교회를 방문하여 주일 설교를 하게 되어 있었습니다. 스티브 힐이 설교를 하는 동안 그는 예배시간에 강단 위에 앉아있었습니다. 그런데 예배 중에 그는 갑자기 큰 강물에 다리를 담고 있는 것 같은 느낌을 받았다고 합니다. 강물이 차츰 다리 위로 차 올라오는 느낌이 들면서 그는 자리에서 일어날

---

[27] 펜사콜라 부흥 이후 스티븐 힐(1954. 1. 17–2014. 3. 9) 목사는 텍사스 Dallas/Fort Worth에서 Heartland Family Church를 개척하여 섬겼다.

수가 없었습니다. 사람들은 당황하여 휠체어를 가져다주었고 그는 사흘 동안 걷지도 못하고 말도 잘 못했습니다. 그때부터 성도들 가운데 회개가 일어나고 사람들이 소문을 듣고 방문하기 시작했습니다. 스티브 힐 선교사는 사람들이 끊이지 않고 몰려오자 계획대로 부흥회를 마무리하지 못하고 계속 집회를 하게 되었는데, 결국 이 집회는 3~4년 동안 지속되었습니다. 그때부터 부흥이 일어나 160만 명이 방문하였다고 합니다.

저는 안식년을 맞아 1999년에 이 교회를 방문하였습니다. 우리가 방문한 날도 많은 사람들이 예배에 참석하려고 몇 시간 전부터 줄을 서서 기다리고 있었습니다. 아침 5시부터 플로리다의 뜨거운 땡볕 아래서 저녁집회 장소에 들어가려고 온종일 양산을 쓰고 줄을 서서 기다리는 것이었습니다. 저도 줄을 섰는데 사람들이 많아 본당에는 들어가지 못하고 옆에 있는 큰 건물에 들어갈 수밖에 없다는 것을 알게 되었습니다. 그래서 안내원에게 부탁을 했습니다. "저는 한국에서 성령 인도를 받아서 온 목사입니다. 예배에 참석하러 왔으니 꼭 본당에서 예배를 드리고 싶습니다."라고 하였더니 저를 한국에서 온 목사라고 하여 특별히 본 예배당에 들어갈 수 있게 허락해 주었습니다.

이 년이 지난 1997년 자료를 보면, 그곳에서 예수를 영접한 사람만 약 10만 명이라고 합니다. 펜사콜라 부흥을 통해서는 주로 회개와 재 헌신이 많이 일어났습니다. 교회를 떠났던 사람, 안 믿는 사람들이 와서 예수를 믿고 그곳에서 침례를 받았습니다. 작은 휴양도시는 갑자기 증가한 방문자들 때문에 비행기가 증설될 정도였습니다. 우리 부부가 2000년에 레마성경훈련소에서 공부하고 있을 때 스티븐 힐 목사가 와서 오랄 로버츠 대학교에서 이틀 동안 집회를 가졌습니다. 두 번의 저녁 집회에 참석하여 은혜를 받았었는데 그의 설교 두 편은 모두 압권이었으며 그는 역시 대단한 복음전도자였습니다.

믿음의 말씀 운동

천 년 동안 성경은 소위 성직자들이 독점하여 감추어져 있었기 때문에 성도들은 성경을 볼 수 없었습니다. 자신들의 모국어로 성경을 읽을 수 있게 되고 인쇄술의 발명으로 지식이 전파되자 종교개혁은 자연스럽게 일어나게 되었습니다. 루터가 믿음으로 구원을 받는다는 것을 외쳐 종교개혁이 이루어져 개신교가 생겨났지만 아직도 성경에 근거한 복음에 근거하지 않고 교회에서 듣기만하여 행위에 근거를 두기 때문에 구원의 확신이 없는 그리스도인들도 많습니다.

"믿음의 말씀 운동Word of Faith"을 통하여 전파된 "새로운 피조물"의 계시는 예수님의 열두 제자와 사도 바울을 통하여 나타난 신약성경의 핵심 메시지입니다. 예수님을 직접 만나 보지 못했던 바울에게 하나님이 이런 계시를 주셨다는 것을 신약성경을 통해 깨달을 수 있습니다.

미국에서는 E. W. 케년1867-1948이 탁월한 책들을 써서 새로운 피조물에 관하여 널리 알렸습니다. 그는 미국에 신유부흥 운동이 일어나기 전에 정확한 복음을 전하며 사역을 하였지만 혼자서 고군분투하신 선구자였습니다. 결국은 그가 죽은 후에 그가 남긴 탁월한 책들을 읽고 많은 사람들이 믿음으로 행하며 열매를 나타내기 시작했는데, 대표적인 사람이 T. L. 오스본과 케네스 해긴일 것입니다. 케네스 E. 해긴1917-2003은 그 시대의 최고의 복음 전파 수단이었던 라디오를 활용하였습니다. 뿐만 아니라 그 내용들을 책과 테이프를 통해서 계속 미국에 확산시켰습니다.

영국에서는 스미스 위글스워스1859-1947가 믿음으로 놀라운 사역을 하였습니다. 그는 가난하여 학교를 다닐 기회가 없어 결혼 후 부인에게 영어를 배워서 성경을 읽었다고 합니다. 그는 다른 불신앙의 정보들이 들어오지 못하도록 오직 성경만 읽고 묵상하며 믿음으로 살았습니다. 영혼 구혼과 기도 생활에 집중하였으며, 항상 성령의 임재 안에 살려고 노력했습니다. 그의 사역에는 죽은

스미스 위글스워스

존 G. 레이크

자를 스물한 명이나 살리는 표적이 함께 하였습니다. 위글스워스의 능력 있는 삶의 비밀에 대해서는 피터 매든이 쓴 두 책28)을 보면 큰 도움이 될 것입니다.

존 G. 레이크1870-1935는 남아프리카에서 큰 부흥을 일으켜 수많은 교회를 세우고 미국에 돌아와서도 선교지에서 보았던 똑같은 놀라운 치유 사역을 했던 사람입니다. 그는 일찍이 미국 감리교회의 사역자로 안수를 받았으나 시카고에서 신문사와 사업을 시작하여 크게 성공하였습니다. 그는 가족 가운데 많은 사람을 질병으로 잃고 고통 받는 부모님을 보았고 자신도 형제자매들이 질병으로 죽는 것을 가까이서 목격했습니다. 그러

---

28) 피터 J. 매든, 『위글스워스는 이렇게 했다』, 박미가 역, (믿음의말씀사, 2008).
  피터 J. 매든, 『스미스 위글스워스의 능력의 비밀』, 박미가 역, (믿음의말씀사, 2009).

나 마침내 존 도위John Alexander Dowie, 1847-1907가 기도했다는 전보 한 통을 받고 죽어가던 자기 누이가 그 시간에 극적으로 낫는 것을 보고 충격을 받아 1901년(31세) 존 도위의 제자가 되었습니다. 1907년 10월 성령세례를 받고 나서 그는 결국 사업을 정리하고 이듬해인 1908년 4월에 자신의 가족 9명과 다른 세 사람과 함께 남아프리카 공화국으로 선교사로 떠났습니다. 그러나 일 년 후 1908년 12월 22일 그가 먼 지역에서 사역을 하는 동안에 아내가 죽자 다른 사람들에 의해 장사된 것을 돌아와서 알게 되었습니다. 그러나 그 후에도 그는 5년을 더 그곳에서 사역을 하며 수많은 교회를 개척하였습니다.

죽은 자를 살리고, 전염병이 돌아 마을사람들이 거의 다 죽어서 시체를 치울 사람조차 없을 때 존 레이크는 그들을 돌보았는데 그는 전염병에 걸리지 않았습니다. 그는 새로운 피조물로서 어떻게 기능하며 "생명 안에서 왕 노릇"하는지를 삶과 사역의 열매로 증거한 담대한 믿음의 사람이었습니다. 그는 5년 후 1913년 2월 아프리카에서 미국 워싱턴주 스포케인으로 돌아와서 치유사역을 계속했습니다. 미국에서도 아프리카와 똑같은 치유가 일어났습니다. 존 레이크는 환자를 위해 기도하면서 어떻게 하면 병이 낫는지, 어떤 말씀이면 낫는지를 알게 되었습니다. 그는 자신이 알게 된 것을 제자들에게 훈련시켰습니다. 그는

"힐링룸Healing Room"이라는 사역을 통하여 먼저 16명의 "신유기술자들Divine Healing Technicians"29)을 훈련시켰는데 1915년 4월부터 1920년 5월까지 5년 동안 확증되고 기록된 치유 사건만 해마다 약 2만 건이 되었다고 합니다. 그 후 오레곤 주에 있는 포트랜드로 이사한 후에도 5년 동안 10만 건의 치유가 일어났습니다. 그 후 다른 도시를 다니며 집회를 하다가 1935년 세상을 떠났습니다. 그는 아마도 새로운 피조물에 대한 계시에 근거하여 가장 효과적인 치유사역을 한 사람이었으며, 무엇보다도 같은 말씀과 기술로 제자들을 통해서도 똑같은 역사가 나타나도록 "제자"를 만들었던 거의 유일한 사역자였습니다.

E.W. 케년, 스미스 위글스워스, 존 G. 레이크, 케네스 E. 해긴, T.L. 오스본, 이분들은 이제 2013년에 돌아가신 T. L. 오스본 목사님을 끝으로 한 세대가 막을 내렸습니다. 그들 중에는 그 시대에는 인정받지 못하고 오해와 핍박을 받았던 분들도 있고, 돌아가시는 그날까지 하나님 앞에 귀하게 쓰임 받았던 유명한

---

29) DHTT에서 사용하던 매뉴얼은 그가 죽은 지 70년이 지난 후 Curry Blake 목사에게 전달되어 그 내용 그대로 사역하여 같은 열매를 맺는 것을 증명하였다. 믿음의 말씀사, 『신유기술자 훈련 매뉴얼』.(믿음의 말씀사, 2018)

분들도 있었습니다. 그들은 그렇게 가르쳤을 뿐만 아니라, 실제로 가르친 말씀대로 믿음으로 살았습니다. 그들은 히브리서 11장의 사람들과 바울 사도처럼 끝까지 하나님이 부르신 부르심의 소망을 향해 달렸으며, 믿음을 지키고 믿음의 선한 싸움을 승리하고 천국으로 개선한 영적인 장군들입니다.

그들이 전한 복음과 삶은 수많은 사람들에게 영향을 끼쳤을 뿐만 아니라, 여호수아와 같은 다음 세대의 교회 지도자들에게 좋은 영적인 멘토가 되었습니다. 이분들은 실제로 역사가 일어날 때에 조금 유명했지만 소위 복음주의 주류 기독교회에서는 별로 인정받지 못했습니다. 그러나 말씀이 실재가 되는 삶을 살다 가셨습니다. 이렇게 치유의 능력과 표적이 풍성할 뿐만 아니라 영적으로는 물론 개인의 삶도 헌신되고 성결한 삶을 산 사람들은 후대에도 계속 인정받고 있습니다.

그러나 세월이 흐르면서 사람들이 원하는 것을 추가하거나, 지나치게 강조하여 좌우 극단에 치우치거나, 개인적으로 성적으로 타락하여 이혼하거나, 재정 관리가 투명하지 못하거나 이해하기 힘든 호화로운 삶의 스타일을 하나님의 축복의 증거인 것처럼 자랑하는 삶과 인격에 본이 되지 못한 사람들이 많이 나타났습니다. 어떤 사람들은 한때는 하나님께 귀하게 쓰임 받았지만 부끄러운 마지막을 장식하는 사람들이 되었습니다. 주님과 사도들의 사역에 동반했던 따르는 표적은 점점 사라지고, 오직 자신만 잘 먹고 잘 사는 육신적이고 개인적인 번영과 성공에만 집중하게 되었습니다. 한 세대 전에 "믿음의 말씀 운동"의 초기에는 이 말씀을 잘 알지 못하는 사람들이 무지나 시기 질투 혹은 악의로 비난했던 말들이 지금은 실제로 그렇게 변질된 것을 볼 수 있습니다. 이전에는 억울한 핍박으로 여기며 담대히 진리를 전하여 따르는 표적과 경건한 삶으로 복음을 확증했었지만, 이제는 하나님의 왕국과 선교와 나눔은 이름뿐이고, 오직 자신들을 위한 형통의 복음만을 강조하며, 누가 봐도 지나치다고 할 수밖에 없는 화려한 삶과 끊임없는 세속적 욕망을 추구하는 모습을 보여줌으로써 세상 사람들과 다른 그리스도인들의 부끄러움이 되는 사람들도 있습니다.

이런 일들은 이 복음을 들어보지 못하거나 잘 알지도 못하는 사람들은 물론, 사람들의 부정적인 말만 듣고 비판적이고 적대적인 사람들에게 좋은 먹잇감을 제공해 주고 있습니다. 그들은 이런 부정적인 편견과 오해의 눈을 가지고 "건강과 형통의 복음 Health and Wealth Gospel", "미국식 복음 American Gospel", "형통의 복음 혹은 번영 신학 Prosperity Gospel", "명령하고 주장하면 자기 것이라고 주장하는 사람들 Name it and claim it bunch" 등 온갖 이름으로 프레임을 씌워 비난하고 있습니다.

그러나 분명히 이 복음에 대한 계시를 깨닫고 그렇게 살았던 "믿음의 말씀"의 선각자들은 "새로운 피조물의 계시"가 바울이 전한 복음의 핵심임을 성경과 삶에 나타난 열매로 증명하였습니다. 뿐만 아니라 따르는 표적, 헌신되고 경건한 삶, 수많은 능력 있는 복음의 일꾼들을 재생산하여 교회를 세우고 하나님의 나라를 확장시켰습니다. 초기 오순절 운동에 관하여는 "방언을 말하는 사람들Tongue talkers", "거룩하게 구르는 자들Holy rollers"이라 부르며 멸시하거나 무시하기는 했지만 방언을 말하는 것과 넘어져서 구르는 현상 자체를 인정하는 것으로 끝났습니다. 이 복음도 처음에는 "믿음의 말씀Word of Faith", "말씀의 사람들Word People", "믿음의 사람들Faith People" 등의 별명으로 불렸지만, 사실은 믿음으로 사는 사람들이란 좋은 뜻과 말씀만을 믿고 말씀에 최고 권위를 둔다는 가르침의 핵심을 좋게 불렀었던 것입니다.

필자는 그들의 삶과 사역과 세워진 제자들을 보고서, 그분들의 책들을 선별하여 번역하여 소개하였습니다. 이것이 제가 "믿음의 말씀사"와 2005년부터 예수선교사관학교를 통해 목회자들과 셀 교회의 개척자들에게 전하고자 하는 "새로운 피조물"에 대한 계시이며, 80년대에 우리 부부가 체험하고 부르심을 받아 전념하게 된 "한국에 '믿음의 말씀'을 전하는 일"입니다.

2013

2003

십자가에서 보좌까지
그분의 임재 안에서 무슨 일이 일어났는가
놀라운 그 이름 예수

새로운 피조물의 실재
두 가지의

스미스 위글스워스 천국 능력의 비밀
매일 묵상집

1947　1948

1935

케네스 해긴
Kenneth E. Hagin
1917

티엘 오스본
T.L. Osborn
1923

긍정적 욕망의 힘
능력으로 역사하는 메시지
당신은 하나님의 큰 그림
하나님의 최고의 작품입니다
좋은 인생

스미스 위글스워스
Smith Wigglesworth
1859

E. W. 케넌
E. W. Kenyon
1867

존 G.레이크
John G. Lake
1870

방언
믿는 자의 권세
하나님의 계획과 목적과 추구
어떻게 하나님의 영으로 인도받을 수 있는가
승리하는 교회

성령 안의 내 능력
예수 치유의 길 건강의 능력

선지자와 사도 운동

선지자와 사도 운동은 믿음의 말씀 운동의 뒤를 이었습니다. 빌 해몬은 선지자와 사도 운동은 '오순절 운동이 목표했던 바와 같이 성도들을 그들의 영적 은사와 직임 속에서 어떻게 가르치고, 활성화시키고, 성숙시켜야 하는가를 보여줬다.' 라고 합니다. 선지자 운동은 영적 은사와 직임을 가르치고 훈련해서 이미 받은 것을 활성화시켜야 한다는 관점을 열어주었습니다. 이전까지는 방언은 다 하는 것이지만 은사는 받아야 하는 것으로 생각했습니다. 선지자 사도 운동은 그것이 아니라 이미 성령이 우리 안에 계시기 때문에 수많은 은사는 활성화되기만 하면 다 나온다는 것입니다. 성령의 은사는 성령의 열매이기 때문에 활성화activate시키는 방법만 배우면 누구나 할 수 있다는 것입니다.

방언도 마음으로 믿고 입으로 시인하고 받는 것입니다. 금식하고 매달리고 기다리는 것이 아니라, 믿음으로 구원받은 것처럼 성령도 믿음으로 받는 것입니다. 사도행전 2장은 오순절 날 성령을 처음 받은 것이기 때문에 그들은 예수님의 말씀대로 약 열흘간 기다렸습니다. "내가 내 아버지께서 약속하신 것을 너희에게 보내리니 너희는 위로부터 능력으로 입혀질 때까지 이 성에 머물라."(눅 24:49) 그 후부터는 성경 어디에서도 성령을 받기 위해 기다리는 장면이 없습니다. 초기 오순절파는 기다려야 한다고 믿었는데 이것은 오순절 초기 신자들의 실수 중 하나였습니다. 그러나 은사주의 운동을 지나 선지자 운동이 시작되면서는 방언뿐만 아니라 예언도 기다릴 필요가 없다는 것입니다. 이것이 바로 선지자 운동의 특징입니다. 우리 안에 이미 있음을 알고 활성화시키는 방법을 훈련합니다. 선지자 사도 운동은 전 세계적으로 은사와 개인적 직분과 선지자 사도 운동의 복음과 직임에 활성화된 많은 성도를 훈련하고 있습니다.

훈련되고 은사가 활성화되면 드디어 성도의 시대가 열린다는 것입니다. 영적 성장에 따르는 단계별 훈련을 받고, 은사들이 활성화되면 직분을 맡게 됩니다. 교회 안에서 이렇게 영혼을 돌보고 섬기고 셀리더가 되고 직임을 맡는 훈련이 될 때 좋은 사역자가 됩니다. 주님의 명령처럼 먼저 주님의 제자가 되고 다른 사람을 주님의 제자로 삼는 "제자를 만드는 제자"의 훈련을 통과할 때 성도들은 거대한 하나님 나라의 군대가 되어 진정한 "성도의 시대"를 살게 될 것입니다.

우리가 살고 있는 시대는 물론 다가올 시대의 변화는 아무도 예측할 수 없습니다. 인공지능과 저성장, 저출산으로 다문화 사회가 되고 나라마다 큰 변화를 겪게 될 것입니다. 국가의 흥망성쇠는 하나님이 그 민족들에게 하신 말씀에 대한 응답의 결과라는 것을 우리는 성경을 통해 알 수 있습니다. 요한 웨슬리를 통한 영국 교회 부흥은 영국을 프랑스와 같은 혁명으로부터 구출했다고 합니다. 영국 교회의 부흥은 영국에서 끝나지 않고 미국에서 감리교회를 통한 미국교회의 부흥으로 이어졌습니다. 영국 국교에 핍박받지 않고 자유로운 신앙생활을 위하여 청교도들은 신대륙에 정착하여 교회를 세우고 목회자를 양성하기 위하여 요즘 우리가 알고 있는 하버드, 예일, 프린스턴 대학 같은 최고의 교육기관을 세워서 지도자를 양성했습니다. 이런 학교들은 이백 년이 지난 지금도 세계의 인재들이 모이는 미국의 최고 수출품이 되었으며 여전히 미국은 새로운 교회와 성령의 역사가 자유로이 일어나는 나라입니다. 미국은 여전히 세계 어느 나라에 비해서도 신앙의 자유는 물론 성경적 가치관인 인권 존중과 선교와 구제에 앞장서는 너그럽게 주고 나누는 교회가 많은 나라입니다.

한국교회는 세계 선교 역사에 유례를 찾아 볼 수 없는 성장을 기록하였을 뿐만 아니라 미국에 이어서 두 번째로 많은 선교사들을 세계로 내보냈습니다. 대한민국의 경제 성장도 마찬가지로 한강의 기적이라고 평가를 받습니다. 이제 우리의 과제는 외적 성장과 수적인 열매뿐만 아니라 진정한 복음으로 무장된 제자를 만들어 실제로 교회의 부흥과 사회를 변혁하는 구체적인 열매를 맺는 부흥으로 이어져야 할 것입니다.

그리스도인의 얼굴을 바꾸어 놓은 오순절 · 은사주의 운동

20세기 초에 시작된 오순절 운동과 이어서 교파를 초월하여 확산된 은사주의 운동은 백여 년 만에 세계의 기독교인의 얼굴을 바꾸어 놓았습니다. 하나님께서 주도하신 이 성령의 역사는 주님의 재림 이전의 세상의 타락과 교회에 대한 가중되는 박해를 이길 수 있도록 교회를 준비하는 과정으로 보입니다. 그리스도의 다섯 가지 교리가 완전히 회복되고 하나님의 군대로 잘 구비되고 무장한 성도들이 셀 교회, 가정 교회의 목사로서 가정과 삶의 현장에서 그리스도의 대사로서 선교적인 삶을 살아갈 때, 교회는 흠 없고 티 없는 그리스도의 신부로서 주님의 재림을 맞이할 수 있을 것입니다.

한 세기가 지나 2000년대에 들어서면, 이제 그리스도인의 얼굴은 백 년 전의 모습과 완전히 달라져 있음을 발견할 수 있습니다. 교회의 중심은 유럽에서 아시아, 남아메리카, 아프리카로 변했습니다. 지구의 북반구에서 남반구로 그리스도인들의 인구 중심이 옮겨졌습니다. 전에는 백인들이 대다수였었는데 이제는 유색인종의 그리스도인들이 훨씬 더 많아졌습니다. 장로교, 감리교, 성공회와 같은 이전의 주류 교파들은 점점 줄어들고, 오순절, 은사주의, 독립적인 초교파 교회들이 주류가 되었습니다.

2000년 경 자료를 보면, '기독교 인구대비 - 오순절과 은사주의 인구비율'은 미국은 기독교 인구대비 오순절주의가 10%, 은사주의가 18%이고, 브라질은 오순절이 72%, 은사주의가 6%입니다. 브라질은 명목적인 가톨릭 교회의 전통을 가진 나라인데 오순절 운동을 통하여 대부분의 기독교인이 오순절파가 되었습니다. 오순절과 은사주의는 칠레 59%, 19%, 과테말라 58%, 27%, 케냐 50%, 23%, 나이지리아 48%, 12%, 남아공 14%, 29%. 필리핀 37%, 30%입니다. 여기서 보듯이 아프리카와 라틴 아메리카에서는 기독교 인구대비 오순절이 주를 이루고 있습니다. 우리나라는 오순절 기독교인이 약 10% 정도 됩니다. 9%가 순복음이며, 이외에도 독립교회를 포함하여 은사주의가 29%입니다. 감리교에서도 목사가 방언을 인정하고 방언을 하도록 하면 다 은사주의로 들어간 것입니다.

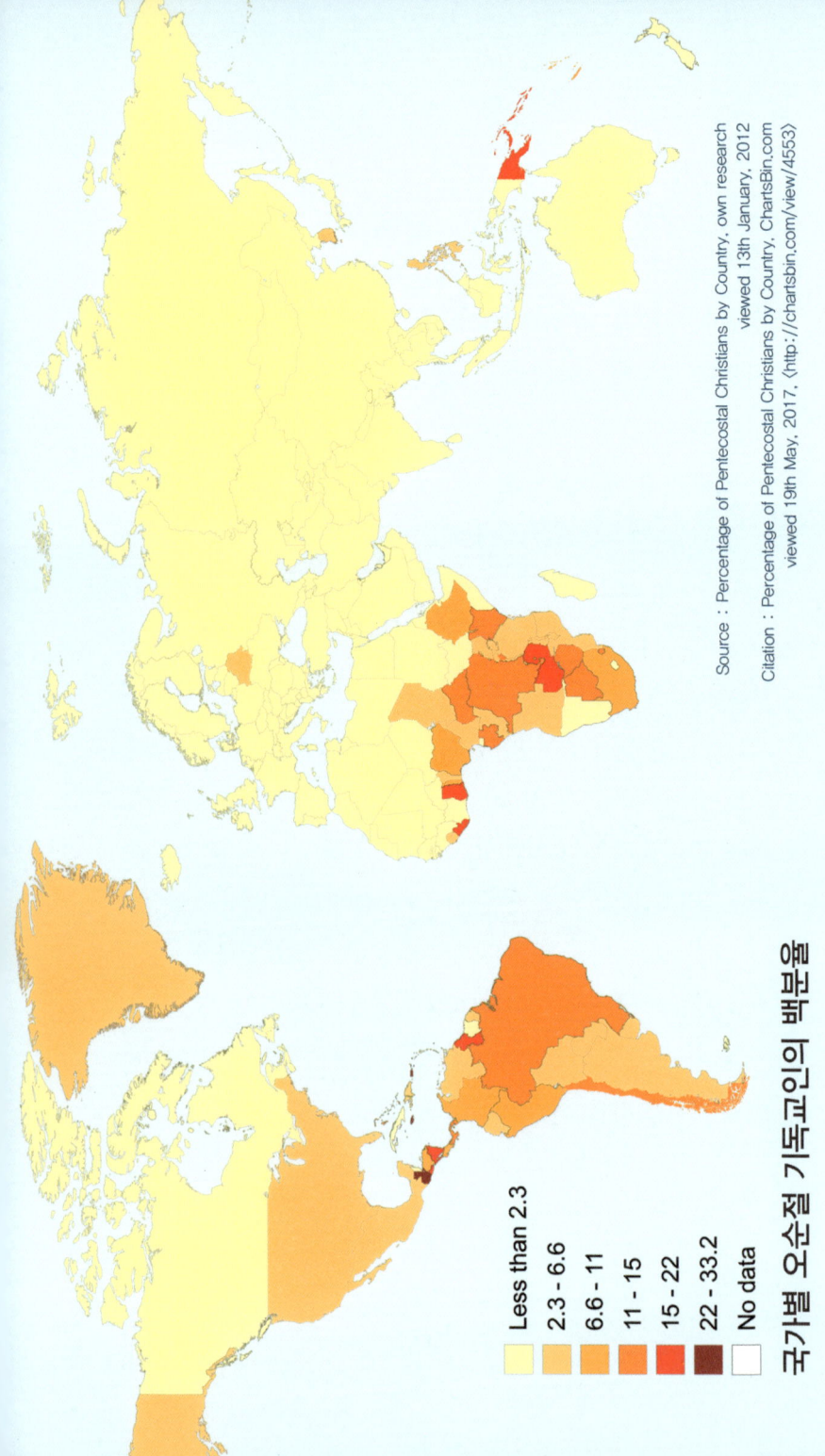

| 보충 자료 |

개혁 운동에 대한 사람들의 다섯 가지 태도

또 비유하여 이르시되 새 옷에서 한 조각을 찢어 낡은 옷에 붙이는 자가 없나니 만일 그렇게 하면 새 옷을 찢을 뿐이요 또 새 옷에서 찢은 조각이 낡은 것에 어울리지 아니하리라 새 포도주를 낡은 가죽 부대에 넣는 자가 없나니 만일 그렇게 하면 새 포도주가 부대를 터뜨려 포도주가 쏟아지고 부대도 못쓰게 되리라 새 포도주는 새 부대에 넣어야 할 것이니라 묵은 포도주를 마시고 새 것을 원하는 자가 없나니 이는 묵은 것이 좋다 함이니라

눅 5:36-39

개신교의 뿌리라고 할 수 있는 "종교개혁"에서부터 현재 일어나고 있는 일까지, 기존의 가치나 전통과 방법에서 다른 "개혁"과

"혁신"에는 "가죽 부대"와 "새 포도주"의 갈등이 따릅니다. 예수 그리스도는 당시 유대교에 대한 최고의 도전이었습니다. 그리스도께서 이 땅에 계시면서 전파한 하나님의 나라는 예수님을 그리스도로 인정하지 않던 유대인들의 "낡은 가죽 부대"에는 담을 수 없는 "새 포도주"였습니다. 예수님의 나타나심과 가르침과 따르는 표적들을 보고도 그 당시 유대교인들은 오히려 기다려왔던 그리스도를 거절하고 십자가에 못 박아 죽였습니다. 새 포도주는 새 가죽부대에 넣어야 하듯이 새로운 시대와 사람들에게 접근하기 위해서는 새로운 사고와 방법이 필요합니다.

오늘날 우리는 새로운 시선으로 신선하고 위험하고 놀라운, 자신이 익숙하지 않고 잘 알지 못했던 성령님의 역사도 인정할 수 있어야 합니다. 지금까지 내가 알고 있던 것과 다르다고 이단이라고 생각하거나, 위험성이 있다고 마음을 닫는다면 발전이 없습니다. 배는 항구에 묶어두면 가장 안전하지만 배가 있어야 할 곳은 항구가 아닙니다. 넓고 넓은 태평양 바다로 나가야 고기도 잡고 새로운 세계도 만나는 것입니다. 새로운 모험에는 당연히 위험이 있습니다. 성령의 역사가 자유로운 곳도 마찬가지입니다. 거기에는 위험이 있을 수도 있습니다. 비성경적이고, 사람을 높이고, 섬겨야 할 성도를 조종하고 다스리며, 자신만의 특별한 경험과 계시를 높이는 등 분별할 수 있는 특징이 있습니다.

성령의 일과 마귀의 일을 분별할 수 있는 말씀에 근거한 분별력과 바른 태도가 필요합니다.

변화에 반응하는 사람들의 유형은 다섯 개의 범주 중 하나로 분류될 수 있습니다. 이와 마찬가지로 신약성경에 계시된 "그리스도의 교리"의 회복 운동도 비슷한 과정을 거쳐 오늘날 교회에 영향을 끼치고 있는 것을 볼 수 있습니다. 회복 운동 속에서 나타난 사람들의 다섯 가지 반응에 대해 살펴보겠습니다.

이것은 로저스Rogers와 슈메이커Shoemaker가 『혁신의 커뮤니케이션Communication of Innovations』에서 주장하여 매슬로우의 "욕구 5단계 이론"처럼 일반적으로 받아들여지는 사회학적 이론입니다. 즉, 새로운 것이 변화를 주도하게 되면 변화를 따르는 무리가 다섯 정도 그룹으로 나뉜다는 것입니다. 사람들과 함께 움직이려면 이 내용을 꼭 배워둬야 하겠습니다. 새로운 전자제품의 판매부터 새로운 옷차림의 유행에 이르기까지 비슷한 소비자들의 행동 유형을 우리의 일상생활 가운데서도 쉽게 관찰할 수 있습니다.

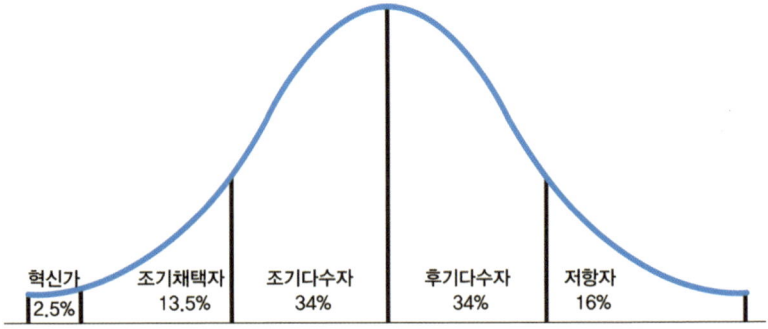

1. 혁신가 Innovators

이 그룹의 사람들은 약 2.5% 정도로 간주되며, 새로운 제품이나 사상 등 혁신적인 것에 대한 변화를 적극적으로 받아들이고 변화를 주도하는 사람들입니다. 이들의 성향은 창의적이고 새로운 것을 시도하며, 모험을 두려워하지 않습니다. 이들은 회복운동의 Visionary, Pioneer(선구자, 개척자), 전파자라고 할 수 있습니다. 이 사람들은 처음으로 말씀의 계시를 깨닫고 '이 말씀과 이 운동이 사람을 바꾸고 세상을 변화시키게 될 것이다'라는 것을 먼저 자기가 보고 깨닫는 사람입니다. 먼저 보는 사람을 선구자라고 합니다. 이들은 회복 운동의 계시와 비전을 가지고 있는 사람들입니다. 기독교 역사에서는 종교개혁자들과 같이 하나님의 부르심에 대한 확신으로 하나님이 주신 새로운 영감을 통하여 발견한 진리를 위해 어떤 위험이나 희생도 무릅쓰고 새로운 시대를 여는 사람들이 있습니다. 그들은 책을 쓰고, 집회를 열며, 시대에 알맞은 새로운 미디어를 사용하여 이 새로운 가르침을 전파하는데 모든 것을 바치는 비전과 열정을 가지고 있습니다. 그들은 끊임없이 새롭고 창의적이며, 현재 상태에 만족하지 못하고, 하나님이 주시는 끝없는 새로운 도전과 비전을 보는 눈과, 이것을 이루겠다는 불타는 열정으로 가득한 가슴을 가지고 있습니다. 그들은 시대를 앞서 보는 선구자요, 블루 오션을 발견하여 새로운 일을 시도하는 개척자요, 자연의 신비와 새로운 방법을 끊임없이 시도하는 발명가들입니다.

2. 조기 채택자 Early Adopters

이 그룹의 사람들은 13.5% 정도로 간주되며, 이들은 새로운 제품을 기꺼이 비용을 지불하며 소유하여 유익을 남보다 빨리 경험한 후에 적극적으로 주변의 사람들에게 알리고 소개하여 좋은 여론을 형성하는 데 기여합니다. 예를 들면 좋은 전자 제품이 나오면, 소비자의 검증을 거친 후 미흡한 점을 보완하여 더 좋은 신제품이 두세 달 후에 나올 것을 알면서도 기꺼이 비싼 값을 지불하고 구입하여 사용법을 익히고 흐뭇해하는 사람들입니다. 조기 채택자들은 "셀 그룹이라는 새로운 개념에 대해 어떻게 생각하십니까?"라고 물어 보는 교인들에게 영향을 미치는 '홍보' 담당자들일 것입니다.

이들은 회복운동의 실천자들입니다. 계시를 받고 비전을 보면서 은혜를 받는 사람들이 있습니다. 이 사람들이 이 말씀을 믿고 따르기 시작하며 실천하는 사람들입니다. 2005년도에 예수선교사관학교를 세우기 전에 "믿음의 말씀" 집회를 통해 새로운 피조물의 계시에 근거한 믿음의 말씀을 전하는 사역자들을 초청해서 매년 한 두 번씩 정기적인 집회를 해 왔습니다. 집회를 열 뿐만 아니라 강사의 책이나 "새로운 피조물"에 관한 중요한 책들을 꾸준히 출판하여 누구나 책을 통해 공부를 더 하여 스스로 성경을 깨달을 수 있도록 하였습니다. 꾸준한 집회와 책 소개와 함께 학교를 통해 가르치고, 교회에서 실제로 삶에 적용하여 열매가 있는 제자를 만드는 제자를 만들도록 하였습니다.

3. 조기 다수자 Early Majority

이 그룹의 사람들은 34% 정도로 간주되며, 조기 채택자들의 "사용자 후기들"을 읽어 보고, 그들의 만족도를 지켜 본 후에 조심스럽게 신중하게 참여하는 사람들입니다. 이들은 잠재적인 채택자들로서 조기 채택자들의 주위에 있으면서 그들의 영향을 받고 그들에게 설득된 사람들입니다.

이들은 회복운동의 참여자들입니다. 이 사람들은 집회에 참석도 하고 책도 사 보고 합니다. 그러나 거기에 깊게 관여하지는 않습니다. 그들은 개인적인 삶에는 적용하지만, 그 믿음이 삶을 온전히 바꾸도록 허락하지는 않습니다. 말씀이 좋아서 집회에 참석하고 책도 사 보지만, 절대 그 교회에 다니거나 헌금하거나 열정적으로 들어가지는 않습니다. 이런 사람들은 어떤 면에서 사실 맛만 볼 뿐, 본질적인 변화는 경험하지 못합니다. 이런 사람들은 참가하고 공헌하고 헌신하고 핍박받을 때는 얼른 빠질 수 있는 사람들입니다. 그러나 개인적으로 은혜를 받고 있는 사람들입니다.

4. 후기 다수자 Late Majority

이 그룹의 사람들은 약 34% 정도로 간주되며, 이들은 대부분의 사람들이 새로운 것을 받아들여 사용하는 것을 보고 나서야 할 수 없이 따라오는 수동적인 수용자들입니다. 이들은 새로운 변화를 싫어하며 그냥 현재 상태에 안주하기를 바라는 소극적인 사람들로서, 자신들의 이런 성향을 숨기기 위해서 "어떤 후유증이 있는지 사용자 후기를 좀 더 지켜보겠다." 혹은 "예산이 없다.", "돌다리도 두드려 보고 건넌다.", "남들이 장에 가니 나도 간다."는 안전제일 주의자들입니다. 이들은 동료 집단이나 문화적 압력에 할 수 없이 따라오는 수동적, 회의적, 완벽주의라는 표현이 어울리는 사람들입니다.

  이들은 회복 운동의 수동적인 참여자들입니다. 회복 운동을 무시하고 회복 운동에 어떤 의미도 두지 않을뿐더러 아무 일 없는 것처럼 일상의 삶을 영위합니다. 이런 사람들은 적극 반대하지도 않고 그렇다고 알아보지도 않고 관심이 없습니다. 변화를 싫어하는 대부분의 그리스도인들이 여기에 속하기 때문에, 목회자는 끊임없이 하나님이 보여주시는 새로운 비전을 바라보며, 제자들에게 도전하고 자극함으로써, 비전을 사고 헌신하도록 열정을 불러 일으키는 일에 낙심하거나 중단하지 말아야 합니다.

5. 저항자 Laggards

  이 그룹의 사람들은 16% 정도로 간주되며, 끝까지 거절하다가 할 수 없이 수용하는 마지막 그룹입니다. 그들에게 비전은 지도자만 외치는 것이므로 늘 자신들의 눈앞의 문제와 관심사 외에는 볼 수 있는 눈이 없는 사람들입니다. 이들은 늘 "과거에는 이렇게 하지 않았다.", "우리가 젊었을 때는 이렇게 어려웠었다.", "너무 지나치다."라고 말하면서, 적극적으로 사람의 전통과 자신의 평생 습관을 진리로 여기는 태도를 버리지 않는 사람들입니다. 새로운 것을 위험한 것, 의심스러운 것, 검증되지 않은 것으로 바라봅니다.

이들은 회복 운동에 대한 박해자들입니다. 회심하기 전의 사도 바울과 같은 사람입니다. 예수 그리스도를 메시아로 인정하는 것을 거부한 바리새파 사람들입니다. 적극적인 핍박자가 되는 것입니다. 가장 큰 비극은 개혁자들이나 혁신가들이 "이단으로 정죄 받거나" 기존 세력에 의해 매도되어 마틴 루터 이전의 개혁자들처럼 "순교"를 당하게 될 때, 그 빈자리에 새로운 것의 "핍박자, 박해자들"이 주도권을 잡게 되면 개혁을 통한 발전의 불씨는 처음부터 꺼지고 또 다음 기회를 기다릴 수밖에 없는 것입니다.

인간은 악하여서 겉으로는 아름답게 대의를 위장해도 속으로는 돈을 벌려고 한다든지 자기 유익을 세운다든지 자기 기득권을 안 놓치려고 한다든지 이런 의도들이 숨어있을 수 있습니다. 이런 좋은 회복 운동의 선구자들은 주로 기득권들로부터 이단 소리를 들었습니다. 성결교 운동은 개신교들이 비판했고 침례교도들은 루터교도들이 핍박했습니다. 물 침례를 주장한다고 물에 빠뜨려 죽였습니다. 오순절 운동이 일어나는 것을 성결교에서 핍박했습니다. 은사주의 운동이 일어나는 것을 오순절에서 핍박하고 있습니다. 아직 대한민국에서는 오순절이 겨우 인정받았고 은사주의는 조금씩 퍼지고 있습니다.

회복된 진리에 따른 갈등과 분리

성령세례에 대한 진리, 곧 새 방언을 말하고 그리스도의 영 안에서 자유롭게 하는 진리들이 회복되고 있습니다. 완전한 교회를 향한 성령의 역사 가운데 하나님이 회복시키려 하는 진리들은 다음과 같은 과정을 겪게 됩니다.

첫째, 기존 교단으로부터 배척과 핍박으로 인해 소외를 당합니다.

기존 교회에서 가르치는 것 이상의 새로운 진리가 선포될 때 대부분은 진리가 회복되기보다는 선포하는 사람들의 문제로 인해 많은 지탄을 받게 됩니다. 그중에는 실제로 이단적이고, 자기중심적이며 자기 왕국을 건설하는 사람들도 있습니다. 이처럼 배척과 핍박, 소외를 당하며 이 진리들은 견디어 갑니다.

둘째, 의심을 받는 가운데 열매를 맺게 됩니다.

기존에는 나타나지 않던 열매가 그들로부터 나타나고 좋은 보고가 관찰됩니다. 믿지 않는 사람들에게 복음을 전할 때 사람들은 기독교에 대한 나쁜 소문을 듣고 거절하게 됩니다. 사단의 거짓된 정보에 의해 복음을 거절하는 그들에게 예수를 믿는 것이 얼마나 복된 것인지 믿는 자들의 얼굴과 섬기는 아름다운 모습을 통해서 드러날 때, 배척과 의심이 따라오지만 그들의 열매를 보고 사람들은 반응을 보이게 됩니다.

셋째, 마침내 보편적인 모든 교계에서도 인정합니다.

예를 들어 2000년 전후에 한국에는 알파코스라는 은사주의 운동이 일어났습니다. 미국에서 1980년, 1990년대에 일어났던 일종의 은사주의 운동이 지금 한국에서 비슷하게 일어났습니다. 은사주의 운동은 오순절 운동으로 시작된 성령을 받고 방언을 말하는 것이 기존 교단의 울타리를 넘어서 확산된 것을 말합니다. 2000년대에 이르러 전도가 점점 어려워지자 많은 교회들이 교단을 초월하여 교리적으로는 인정하지 않지만 전도에 효과가 있으므로 "알파코스"를 받아들였습니다. 알파코스를 통해 금이빨이 나오는 등의 기적이 일어나는 것을 두고 많은 신학자는 이를 이단 시비하며 알파코스를 주도하는 사람이나 기관을 경고하기도 하였지만, 알파코스는 효과적인 전도의 열매를 맺게 되었고 성령의 역사는 환영받았습니다.

누구나 방언을 말할 수 있으며 이를 금하지 말아야 한다는 것이 은사주의 운동의 핵심이며, 천주교에서도 "성령쇄신운동"이라는 프로그램을 만들어서 1박 2일 과정을 통해 방언을 받는 등 은사주의 운동은 대부분의 교단에서 보편적으로 인정받게 되었습니다.

그러면 교단과 교파는 왜 분리가 일어나게 되는가에 대해 살펴보겠습니다.

첫째, 같은 진리에 대한 서로 다른 이해와 적용 때문입니다.

예를 들어, 방언이나 성령의 은사에 있어서 인정은 하지만 굳이 받아야 한다고 생각하지 않는 사람들이 있습니다. 그들은 방언이나 성령의 은사를 받음으로 생기는 유익들을 잘 모르기 때문에 그와 같은 반응을 보입니다. 그러나 성경은 방언과 은사를 받는 것이 진리라고 말하고 있으며, 실제로 이것은 기적으로 들어가는 문이요, 영적세계가 열리는 문이요, 새로운 차원으로 들어가는 문입니다.

둘째, 조직의 기득권자들의 성격적인 부딪침과 육신적인 야심 때문입니다.

이것은 진리도 아니고 실천도 아닙니다. 현재 한국의 일부 교파에서 일어나는 분쟁을 보면, 교단이란 조직의 지도자들의 육신적인 야심에 의한 교계 내에서의 부딪침임을 알 수 있습니다.

셋째, 사소한 교리 시행의 차이 때문입니다.

예를 들어, 이혼한 사람들의 목회자 자격 여부를 두고 이혼을 특별한 죄로 다루어야 하는지 이슈가 되기도 합니다. 이혼한 사람은 목회자로서 성경적인 자격 요건에 부합한가 같은 문제는 시행의 차이를 낳고 있습니다. 미국에서 전국적으로 퍼져 나가며 일반화되고 있는 동성결혼의 허락은 성경의 가르침을 정면 부정하는 행위로서 논란의 여지가 없는데도 심지어 동성애자 목회자 안수까지 허용하는 단계에 이르고 있습니다.

한국교회는 일제 치하에서 신사참배를 거절하며 순교하여 끝까지 신앙을 지킨 주기철 목사의 정신과 그때 핍박 아래서 신사참배를 한 교회 사이에 이 문제로 인해 교회가 분리된 역사를 가지고 있습니다. 신사참배를 끝까지 거부한 고신(고려신학대학교) 측은 스스로 정통임을 자부하며 신사참배를 한 장로교와 분리되었습니다. 그 외에도 여러 가지 인간적이고 육신적인 이유로 말미암아 많은 교단들이 탄생하며 기독교의 분열을 가져왔습니다. 그러나 이제는 미국처럼 개교회의 독립성을 인정하고 신앙의 기본적인 것만을 공통으로 하는 초교파의 독립교회들이 연합하는 형태에서부터 좀 더 약한 네트워크 형식의 가정 교회와 셀 교회 운동이 확산되고 있습니다.

| 마치는 글 |

오순절 운동으로 시작된 20세기가 세계의 그리스도인들의 얼굴을 바꾸어 놓았다면, 지난 이삼십 년은 컴퓨터 기술의 발달로 인터넷이 사람들의 경제 행위와 소통 수단을 바꾸어 놓았습니다. 앞으로 십 년은 스마트폰과 SNS, AI가 산업, 경제, 정치, 사회, 문화, 교통, 의료 등 한마디로 우리가 지금까지 알고 있던 모든 것을 바꾸어 놓게 될 것이라고 합니다.

이런 기술의 발달과 별개로 우리나라는 저출산 고령화 사회로 진입하여 올해는 출산율이 1.0 이하로 떨어져서 OECD 국가 중에서 가장 낮아졌다고 합니다. 최윤식, 최현식 두 미래학자는 이렇게 예측하고 있습니다.

"한국은 2030년 이후부터 전체 인구가 감소하면서 2050년까지 적게는 600만 정도, 많게는 800~1천만 정도의 인구가 감소하게 될 것이다. 국가 경제를 유지하거나 국력을 강화하기 위해서는 인구가 줄어든 만큼 외국인 근로자들의 이민을 장려해야 한다. 그렇게 될 경우 현재와 비교해서 최대 6~7배의 외국인이 한국에 들어오게 된다. 한국사람 10명 중 1명은 그 뿌리가 외국인이 된다. 이들이 한국 남자나 여자와 결혼하면서 한두 세대가 지나면 다민족, 다문화가 한국의 정체성이 될 것이다."[30]

  이런 사회현상을 따라 한국교회의 모습도 당연히 달라질 수밖에 없는데, 인구의 감소는 지난 수십 년 동안 지속된 지방의 초등학교 폐교에서 알 수 있듯이, 이제는 도시에서도 초등학생의 숫자가 점점 줄어들고 있습니다. 교회에서는 다른 요인까지 겹쳐서 청년들이 교회를 떠나는 현상은 이미 옛날이야기이고, 이제는 주일학교와 청소년들이 점점 줄어들고 있는 교회가 대부분입니다. 규모가 작은 교회들은 주일학교나 청소년 부서가 없는 교회도 많은 것 같습니다.

  인구의 감소는 쉽게 되돌릴 수도 없고, 설사 증가세로 돌아선다 해도 그 효과는 수십 년 후에 나타날 것이며, 이런 예측은 통계적 확률이 아니라 거의 정해진 미래라고 볼 수밖에 없습니다. 이대로 간다면 2050년에는 절반의 교회가 사라지고, 살아남는 절반의 교회들도 80~90%는 주일학교가 전멸한다고 예측하고 있습니다.[31] 그러나 여러 가지 복합적인 요인으로 인하여 한번

---

30) 최윤식 · 최현식, 『2020 2040 한국교회 미래지도2』(생명의 말씀사, 2015), p. 256.
31) Ibid., p.210.

감소하기 시작한 출산율의 반전은 거의 기대하기 어렵다고 합니다. 게다가 백년대계를 가지고 교육 정책을 입안해야 한다고 하는데 한국의 교육은 결국 공교육의 파괴와 사교육의 번성으로 인하여 국민의 생존권까지 위협하는 국가적 문제가 되었습니다. 그럼에도 불구하고 정치권은 물론 교회마저도 최소한 한 세대라도 내다보고 출산 장려와 어린이 사역에 획기적인 투자를 해야 하는데 아직도 위기로 인식하지 않고 있는 듯합니다.

경제발전과 인구의 감소로 인하여 부족한 노동력을 외국인 노동자들을 통해서 해결하고 있는데 불과 몇십 년 사이에 우리는 이들로 인하여 다문화 사회로 바뀌고 있습니다. 아직 피부에 와 닿지는 않지만 외국인들이 동남아와 회교권이므로 한국의 이슬람의 숫자는 급속하게 증가하고 있다고 합니다. 위에 언급한 미래학자는 이렇게 예측하였습니다.

"비공식적으로 현재 한국의 이슬람 신자는 40만이 넘는다. 이슬람은 전략적으로 한국을 동아시아 선교의 전초기지로 여기고 있다. 앞으로 2050년까지 수백만의 외국인 노동자가 들어온다면 이슬람 인구는 자연스럽게 최소 몇 배 이상 증가할 것이다. 필자의 예측으로는 2050년경이면 한국 내 이슬람 인구는 300~400만 정도 될 것이다. 그러면 한국도 종교적 분쟁과 갈등에서 안전지대가 될 수 없다. 한국 기독교의 1% 정도의 극단주의자들과 이슬람교의 1%의 극단주의자들이 서로 충돌할 가능성이 있다. 그렇다면 더 이상 종교를 앞세운 테러에서 안전지대가 아니다."32)

이제 우리가 해야 할 일은 새로운 시대에 맞는 새로운 일꾼을 훈련하는 일입니다. 변화된 다양한 연령과 문화와 사회적, 문화적 공감대를 가진 복음의 일꾼들이 필요합니다. 이는 주님의 명령이며 교회는 이런 일을 하는 주님의 몸입니다. 시대마다 복음을 전하는 매개체가 바뀔 때마다 새로운 복음의 진보가 있었듯이, 인터넷은 국경을 허물고 있으며, 영어는 세계어가 되었습니다. 외국으로 선교사를 파송하지 않아도 우리와 함께 사는 외국인들에게 복음을 전하여 교회를 세울 수 있습니다. 담임목사 한 사람이 모든 세대를 어우르는 설교를 하고 제자를 훈련하는 교회가 아니라, 세대와 문화와 사람들의 필요에 따라, 지역에 따라 그들에게 복음을 가장 잘 전할 수 있는 그런 사역자를 세우는 교회가 필요합니다.

저의 짧은 식견과 경험을 가지고 제가 은혜 받고 실제로 적용하여 교회를 세운 "믿음의 말씀"의 뿌리를 간단하게 소개하면서

---

32) Ibid., p.257.

저의 경험과 관점을 참고로 나누었습니다. 이제는 독자 여러분이 역사와 교회사를 보는 안목을 가지고, 직접 찾아가서 경험하고, 인터넷을 통하여 세계에서 일하고 계시는 하나님의 역사를 찾아보기 바랍니다. 그리하여 내가 사는 이 시대에 내가 섬겨야 할 사람들을 어떻게 구원하고, 제자를 만드는 제자를 만들며, 교회를 세울 것인지 공부하고 기도하여 실행하는 일꾼이 되기를 기대합니다.

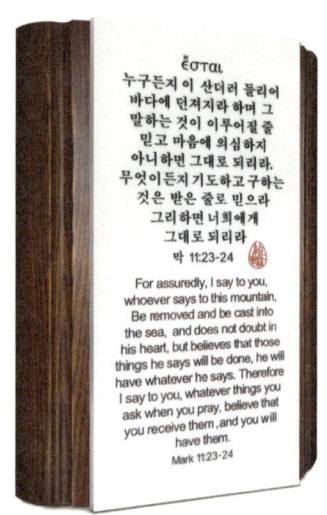

믿음의말씀사 출판물

구입문의 : 031-8005-5483 http://faithbook.kr

■ 케네스 해긴의 「믿음 도서관」 책들
- 새로운 탄생
- 재정 분야의 순종
- 나는 지옥에 갔다 왔습니다
- 하나님의 처방약
- 더 좋은 언약
- 예수의 보배로운 피
- 하나님을 탓하지 마십시오
- 네 주장을 변론하라
- 셀 모임에서 성령인도 받기
- 안수
- 치유를 유지하는 법
- 사랑은 결코 실패하지 않습니다
- 하나님께서 내게 가르쳐 주신 형통의 계시
- 왜 능력 아래 쓰러지는가?
- 다가오는 회복
- 잊어버리는 법을 배우기
- 위대한 세 단어
- 하나님의 은사와 부르심
- 그 이름은 "놀라우신 분"
- 우리에게 속한 것을 알기
- 성령을 받는 성경적인 방법
- 하나님의 영광
- 은혜 안에서의 성장을 방해하는 다섯 가지
- 사랑 가운데 걷는 법
- 바울의 계시: 화해의 복음
- 당신은 당신이 말하는 것을 가질 수 있습니다
- 그리스도 안에서
- 말
- 방언기도의 능력을 풀어 놓으라
- 옳은 사고방식 틀린 사고방식
- 속량 – 가난, 질병, 영적 죽음에서 값 주고 되사다
- 네 염려를 주께 맡겨라
- 예언을 분별하는 일곱 단계
- 절망적인 상황을 반전시키기
- 당신의 믿음을 풀어 놓는 법
- 진짜 믿음
- 믿음이란 무엇인가
- 그리스도께서 지금 하고 계시는 일
- 충분하고도 넘치는 하나님 엘 샤다이
- 금식에 관한 상식
- 하나님의 말씀 : 모든 것을 고치는 치료제
- 가족을 섬기는 법
- 조에
- 당신이 알아야 하는 신유에 관한 일곱 가지 원리
- 여성에 관한 질문들
- 인간의 세 가지 본성
- 몸의 치유와 속죄
- 크게 성장하는 믿음
- 하나님 가족의 특권
- 기도의 기술
- 나는 환상을 믿습니다
- 병을 고치는 하나님의 말씀
- 영적 성장
- 신선한 기름부음
- 믿음이 흔들리고 패배한 것 같을 때 승리를 얻는 법
- 믿음의 선한 싸움을 싸우는 법
- 하나님의 계획과 목적과 추구
- 예수 열린 문
- 믿음의 계단
- 당신을 향한 하나님의 계획
- 역사하는 기도
- 기름부음의 이해
- 내주하시는 성령 임하시는 성령
- 재정적인 번영에 대한 성경적 열쇠들
- 어떻게 하나님의 영으로 인도받을 수 있는가?
- 마이더스 터치
- 치유의 기름부음
- 그리스도의 선물
- 방언
- 믿는 자의 권세(생애기념판)
- 믿음의 양식
- 승리하는 교회

■ E. W. 케년
- 십자가에서 보좌까지 무슨 일이 일어났는가?
- 두 가지 의
- 놀라우신 그 이름 예수
- 하나님 아버지와 그분의 가족
- 나의 신분증
- 두 가지 생명
- 새로운 종류의 사랑
- 그분의 임재 안에서
- 속량의 관점에서 본 성경
- 두 가지 지식
- 피의 언약
- 숨은 사람
- 두 가지 믿음
- 새로운 피조물의 실재

■ 스미스 위글스워스
- 스미스 위글스워스의 천국
- 스미스 위글스워스의 매일묵상
- 위글스워스는 이렇게 했다
- 스미스 위글스워스의 능력의 비밀

■ T. L. 오스본
- 행동하는 신자들
- 기적 – 하나님 사랑의 증거
- 새롭게 시작하는 기적 인생
- 좋은 인생
- 성경적인 치유
- 능력으로 역사하는 메시지
- 100개의 신유 진리
- 24 기도 원리 7 기도 우선순위
- 하나님의 큰 그림
- 긍정적 욕망의 힘
- 당신은 하나님의 최고의 작품입니다

■ 잔 오스틴
- 믿음의 말씀 고백기도집
- 하나님의 사랑의 흐름
- 견고한 진 무너뜨리기
- 초자연적인 흐름을 따르는 법
- 당신의 운명을 바꿀 수 있습니다
- 어떻게 하나님의 능력을 풀어놓을 수 있는가?

■ 크리스 오야킬로메
- 여기서 머물지 말라
- 이제 당신이 거듭났으니
- 당신의 인생을 재창조하라
- 이 마차에 함께 타라
- 그리스도 안에 있는 당신의 권리
- 성령님과 당신
- 성령님이 당신 안에서 행하실 일곱 가지
- 성령님이 당신을 위해 행하실 일곱 가지
- 기적을 받고 유지하는 법
- 하나님께서 당신을 방문하실 때
- 올바른 방식으로 기도하기
- 당신의 믿음을 역사하게 하는 법
- 끝없이 샘솟는 기쁨
- 기름과 겉옷
- 약속의 땅
- 하나님의 일곱 영
- 예언
- 시온의 문
- 하늘에서 온 치유
- 효과적으로 기도하는 법
- 어떤 질병도 없이
- 주제별 말씀의 실재
- 마음의 능력

■ 앤드류 워맥
- 당신은 이미 가졌습니다
- 은혜와 믿음의 균형 안에 사는 삶
- 하나님의 참 본성
- 하나님은 당신이 건강하기 원하십니다
- 영·혼·몸
- 전쟁은 끝났습니다
- 믿는 자의 권세
- 새로운 당신과 성령님

- 노력 없이 오는 변화
- 하나님의 충만함 안에 거하는 열쇠
- 더 좋은 기도 방법 한 가지
- 재정의 청지기 직분
- 하나님을 제한하지 마라
- 하나님의 뜻을 발견하고 따라가며 성취하라
- 하나님의 참 본성
- 하나님의 최선 안에 사는 법

■ 기타 「믿음의 말씀」 설교자들
- 성령의 삶 능력의 삶
- 복을 취하는 법
- 주는 자에게 복이 되는 선물
- 믿음으로 사는 삶
- 붉은 줄의 기적
- 당신이 말한 대로 얻게 됩니다
- 예수-치유의 길 건강의 능력
- 성령 안의 내 능력
- 존 G. 레이크의 치유
- 믿음과 고백
- 임재 중심 교회
- 성령충만한 그리스도인의 지침서
- 열정과 끈기
- 제자 만들기
- 어떻게 교회를 배가하는가
- 운명
- 모든 사람을 위한 치유
- 회복된 통치권
- 그렇지 않습니다
- 당신의 자녀를 리더로 훈련하라
- 오순절 운동을 일으킨 하나님의 바람
- 주일 예배를 넘어서
- 신약교회를 찾아서
- 내가 올 때까지
- 매일의 불씨
- 여성의 건강한 자아상

■ 김진호 · 최순애
- 왕과 제사장
- 새로운 피조물의 실재
- 믿음의 반석
- 새 언약의 기도
- 새로운 피조물 고백기도집 (한글판 / 한영대조판)
- 성령 인도
- 복음의 신조
- 존중하는 삶
- 성경의 세 가지 접근
- 말씀 묵상과 고백
- 그리스도의 교리
- 영혼 구원
- 새로운 피조물
- 믿음의 말씀 운동의 뿌리
- 1인 기업가 마인드
- 내 양을 치라
- 새사람을 입으라